O SORRISO DA GIOCONDA

Clínica psicanalítica
com os bebês prematuros

Catherine Mathelin

O SORRISO DA GIOCONDA

Clínica psicanalítica com os bebês prematuros

Companhia de Freud
editora

Título original
Le sourire de la Joconde

Editoração Eletrônica
FA - Editoração Eletrônica

Tradução
Procopio Abreu

Revisão
Sandra Regina Felgueiras

Ilustração de capa
Composição com Monalisa (1914)
K. Malevitsch, AKG Paris (D.R.)

FICHA CATALOGRÁFICA

M426s
Mathelin, Catherine.

O sorriso da Gioconda : clínica psicanalítica com os bebês prematuros / Catherine Mathelin ; [tradução Procopio Abreu]. – Rio de Janeiro : Companhia de Freud, 1999.

160 p. ; 23 cm.

ISBN 85-85717- 37-8

Tradução de: Le sourire de la Joconde.

Inclui bibliografia.

1. Psicanálise infantil. 2. Prematuros. 3. Mães e filhos. 4. Mães – Psicologia. I. Título.

CDD-618.928917

Companhia de Freud
editora

ENDEREÇO PARA CORRESPONDÊNCIA
Rua Visconde de Pirajá, 547 - Sala 702
Cep 22415-900 - Ipanema - Rio de Janeiro
Tel.: (021) 540-7954 – Telefax: (021) 239-9492
email: tereza@ism.com.br

Agradecimentos

Agradeço:

— Ao Dr. Jean-Marc RETBI, médico-chefe da unidade de neonatologia do Hospital Delafontaine em Saint-Denis. Sem seu apoio, sem o interesse que sempre demonstrou por meu trabalho, nada desta experiência teria sido possível. Com ele aprendi a exigência que requer a cada dia o atendimento médico dos recém-nascidos prematuros.

— A toda a equipe, dos auxiliares de enfermagem aos médicos, animada por uma autêntica preocupação com os bebês e as famílias. Seu entusiasmo, a qualidade de sua demanda e a sutileza de sua escuta permitiram a implantação de um verdadeiro trabalho em conjunto.

— Ao Dr. Abram COEN, médico-chefe do setor de pedopsiquiatria da Seine-Saint-Denis, que aceitou "enviar-me" para o serviço de prematuros. Nossa colaboração, de vinte e cinco anos, sempre me foi preciosa.

— A Colette MISRAHI, que guia meus passos há tanto tempo; mais uma vez, sua amizade, sua afeição e seus conselhos foram "boas fadas" a velarem pelo nascimento deste livro.

Catherine Mathelin
Paris, abril de 1998

A todos os bebês apressados demais
para entrar na vida.

Índice

Capítulo 1

O sorriso da Gioconda

"Ela gorjeia... Então, com sua voz mais terna
Cobrindo com os olhos a criança que Deus fez raiar
Buscando o nome mais doce que possa dar
À sua alegria, a seu anjo em flor, à sua quimera
– Acordaste, horror, diz-lhe a mãe."
Victor Hugo

Paris. Louvre, uma manhã de verão de 1997.

Um menino de cinco anos olha fixamente a Gioconda. Todo o seu corpo imóvel parece engolido pelo quadro. Boca aberta, olhos espantados, não desgruda mais do célebre rosto. Com uma das mãos, está agarrado à mãe, segurando uma das pregas de seu vestido rodado. Bruscamente recua, com o ar inquieto, e puxa várias vezes a saia como que para pedir a palavra.

"Mamãe! Mamãe!"

A mulher se debruça sobre ele, atenta.

"Mamãe, o que é que a moça está querendo?

— Nada, querido, ela só está sorrindo."

Talvez este "só" estivesse a mais, já que o menino, assustado, larga a mãe e foge então para uma outra sala, sem perguntar mais nada.

Ele sentira medo. Medo do sorriso dela, medo de ser engolido inteiro por seu olhar. Como podia ele satisfazê-la, ele que era tão pequeno? O que ela estava querendo? Ele havia percebido no quadro de Leonardo da Vinci algo de seu enigma. Era prematuro para ele questionar-se assim sobre o desejo das mulheres? Ou estava justamente, em razão de sua pequena idade, mais em condição de sentir a angústia do que outros visitantes?

"O que ela está querendo?" é com efeito uma questão que se coloca ao filho capturado no desejo de sua mãe.

Esta questão se transforma em "o que ela está querendo *de mim*?" logo que a criança se acha no dever de preenchê-la ou de satisfazê-la.

É neste instante que vão surgir a falta e o desejo, já que o desejo do homem é o desejo do Outro.

"Eis porque a questão do Outro, que volta ao sujeito do lugar de onde ele espera um oráculo, sob o libelo de um *che vuoi* – que queres? –, é aquela que melhor conduz ao caminho de seu próprio desejo, se ele se põe, graças ao *savoir-faire* de um parceiro de nome psicanalista, a retomá-la, ainda que sem saber muito bem disso, no sentido de um que quer ele de mim[1]?"

Mas esse menino não queria uma Mona Lisa como analista. Ele queria apenas ser tranqüilizado por sua mãe, que só confirmou sua dúvida quanto ao perigo incorrido diante do estranho sorriso.

É esse "só" da mulher que questiona precisamente a criança incapaz de existir física ou psiquicamente sem ela, quer se trate de sua mãe biológica ou de qualquer outra pessoa chamada a preencher esta função, já que é de fato de uma função que se trata.

É na relação com ela que o pequenino descobrirá seu corpo e as emoções que este corpo lhe proporciona. É com ela, capturado em seu olhar, que ele se olhará, é carregado por suas palavras que pensará. Beberá seu leite para crescer, tanto quanto suas falas, e seu sorriso ou sua tristeza refletirão para ele os estados de ânimo do mundo inteiro. A ela estará totalmente assujeitado e se humanizará docemente ao preço dessa alienação. Durante muito tempo terá o sentimento de que ambos fazem apenas um. Sem nenhum limite, tudo lhe pertencerá. Ele será ela, ela será ele, ele será esse objeto que percebe, esse odor que atravessará a peça, a música dessa voz.

Desde a aurora dos tempos, o olhar dos homens para esse momento de sua história está impregnado de enternecimento.

O mito mantido há milênios pela religião, pela literatura, pela poesia evoca essa felicidade perfeita. É para a humanidade inteira o mito do paraíso perdido. É a nostalgia do "só", o sonho de fundir-se no Outro a ponto de fazer apenas um com ele, de preenchê-lo e de ser por ele preenchido. Como se a angústia impensável estivesse ligada à perda dessa relação arcaica do filho com a mãe.

---

[1] J. Lacan, *Écrits*, Paris, Seuil, col. Champ Freudien, 1966, p. 815.

De desgosto de amor em sonho de harmonia e de universalidade, os homens nunca fizeram o luto dessa busca de absoluto. É o que Jacques Lacan chamava: “a obscura aspiração à morte”.

Seria essa idéia de uma perfeita simbiose mãe-filho, imagem de plenitude e de desabrochar infinito, fruto de um só-depois ou o reflexo da realidade?

Certas teorias psicanalíticas por vezes sustentaram amplamente esta concepção. Fica freqüentemente claro, como na expressão “díade mãe-filho”, que os psicanalistas contribuíram para o mito do pai pensado como ausente. Por outro lado, as teorias sobre a concordância [*accordage*] põem em primeiro plano a reeducação da mãe para que, adaptando-se perfeitamente a seu bebê, ela seja irrepreensível e se instale a felicidade a dois que deveria permitir à criança crescer com toda tranqüilidade.

É muito estranho ouvir psicanalistas falarem de felicidade, ainda mais estranho quando se trata de felicidade a dois.

Não sabemos que, desde o nascimento, o filho não está mais no ventre da mãe? Que há, desde este instante preciso, perda, falta, real? Que a violência e o traumatismo presidem a todo parto?

Não sabemos que a mãe não está sozinha com esse filho? Que ela está marcada, esteja o pai presente ou não, pelo desejo que foi seu desejo de mulher por ele, da mesma forma que nela está inscrito o desejo desse homem? Os psicanalistas teriam esquecido como se fazem os bebês?

Como Jacques Lacan nos lembrou, é de fato esse desejo que as mães terão que demonstrar para escapar à loucura de serem mães totalmente completas e completadoras para seus filhos. Em matéria de felicidade a dois, é uma loucura a dois que estaria de fato em questão, o filho tornando-se inexoravelmente o objeto de sua mãe, destruída por ele, da mesma forma que ela o destruiria. A imagem piedosa do êxtase e da completude entre a mãe e o filho, tão freqüentemente reproduzida, não deixa de nos questionar.

Mas, nos dias de hoje, esse mito tem vida difícil, como se, todo o resto podendo ser destruído, o último bastião do “recalcado” de nossa sociedade se achasse agora contido nessa imagem. Imagem perfeita de pureza, virgem preenchida pela criança-rei, os corpos e os desejos são deixados de lado. Pais não são mais necessários para que se fabriquem bebês. O que conta hoje é aquele amor materno que se quer dar a qualquer preço a um filho que deverá de fato devolvê-lo sendo perfeito. Fruto da ciência, ele não poderá vir a falhar e a relação amorosa com ele só poderá ser plenamente satisfatória.

Em *Un souvenir d'enfance de Léonard de Vinci* [Uma lembrança de infância de Leonardo da Vinci], S. Freud fala da relação mãe-filho justamente nestes termos: "Esse amor possui a natureza de uma relação amorosa plenamente satisfatória que preenche não só todos os desejos psíquicos, mas também todas as necessidades corporais e, se ele representa uma das formas da felicidade acessível ao ser humano, isso em nada provém da possibilidade de satisfazer sem reprovação igualmente moções desejantes há muito tempo recalcadas e que convém designar como perversas[2]".

De perversão, ele falará ainda a respeito de Leonardo e de sua mãe e, no sorriso da Mona Lisa, encontrará toda a ambivalência de uma relação com o ser tão amado que proibirá posteriormente ao filho tornado adulto pedir tais ternuras a outros lábios de mulheres.

Freud diz que o sorriso da Mona Lisa exprime toda a ambivalência da mãe: "Se Leonardo consegue restituir no rosto da Mona Lisa o duplo sentido que tinha esse sorriso, a promessa de uma ternura sem limites, assim como a ameaça anunciadora da infelicidade... ele nisso permaneceu fiel ao conteúdo de sua mais precoce lembrança. Pois a ternura de sua mãe lhe foi fatal, determinou seu destino e as privações que o esperavam[3]".

Lacan, na conclusão de *Enfance aliénée*[4] [Infância alienada], denuncia igualmente a fascinação por essa relação mãe-filho: "O que convém indicar aqui é o preconceito irredutível com que se onera a referência do corpo enquanto o mito que cobre a relação do filho com a mãe não for suprimido; produz-se uma elisão que só pode ser notada pelo objeto *a*, embora seja precisamente este objeto que ela subtrai a qualquer apreensão exata. Digamos, pois, que ela só é entendida opondo-se a que seja o corpo do filho que responda pelo objeto *a*".

Lacan denuncia o mito, Freud fala de perversão e de ambivalência.

Essa idéia de ambivalência parece hoje bem pouco admitida. Se tomarmos como exemplo o trabalho efetuado em maternidade ou em serviço de pediatria para recém-nascidos, constatamos o quanto tudo é feito para que a imagem da doçura e do amor materno seja preservada a qualquer preço. "Nos dias de hoje",

---

2 S. Freud, *Un souvenir d'enfance de Léonard de Vinci*, Paris, Gallimard, col. Connaissance de l'inconscient, 1987, p. 146.

3 Ibid., p. 145.

4 J. Lacan, "Discours de clôture", in *Enfance aliénée* (obra coletiva), Paris, Denoël, col. L'Espace analytique, 1984, p. 255.

dizia-me um obstetra, "as peridurais de fato tornam os partos sem dor, o progresso para nós é que o laço mãe-filho acha-se assim reforçado. As mães não sentem mais raiva dos filhos, não ficam mais agressivas nos primeiros dias, podem amá-los imediatamente". Como lhe perguntasse de que maneira explicar os casos em que, apesar dos analgésicos, a mãe não "concorda" de imediato com o filho, respondeu-me: "Ah, mas isso são as mães anormais". Estas mães anormais, aquelas para quem é chamado à sua cabeceira um psicanalista, são aquelas que perturbam a harmonia da maternidade, aquelas que são ambivalentes.

A ambivalência não está na moda e, no entanto, como encarar uma maternidade sem ambivalência, venha ela da mãe ou da equipe terapêutica?

A equipe terapêutica deve amar suas pacientes, as quais devem, por sua vez, amar os filhos.

Um desvio pela obra de Melanie Klein basta para que não se ignore mais que toda relação é feita de ambivalência. O bom contém o mau, da mesma forma que o amor contém o ódio, da mesma forma que guardar e destruir ou dar e receber são o avesso da mesma moeda. Jacques Lacan lembra: "A abordagem do ser, não é aí que reside o extremo do amor, o verdadeiro amor? E o verdadeiro amor – seguramente não foi a experiência analítica que fez esta descoberta, da qual a modulação eterna dos temas sobre o amor traz suficientemente o reflexo –, o verdadeiro amor desemboca no ódio[5]".

Impossível no amor fazer a economia de pulsões agressivas.

Na mitologia grega, encontramos nas festas orgíacas temas de assassinatos de filhos pelas mães na loucura maníaca; semideusas, semimulheres esquartejam e despedaçam filhos. Elas os matam mas não os comem, a omofagia estando reservada aos Titãs[6].

Não é o caso na tragédia grega de Eurípides, em que as "Bacantes" são mães que matam e devoram seus filhos; dando o seio a bestas selvagens, são por sua vez devoradas por essas bestas. Ao longo dessa tragédia, é o tema da animalidade que está na frente da cena e esse vínculo entre animalidade, maternidade e devoração é encontrado em toda a Antigüidade.

---

[5] J. Lacan, *Le Séminaire, Livre XX,* "Encore", Paris, Seuil, 1975, p. 133.

[6] J. Gillibert, "La mère meurtrière, mortifère et mortifiée dans le mythe de Dionysos", in *Mère mortifère, mère meurtrière, mère mortifiée* (obra coletiva), Paris, Ed. E.S.F., col. Vie de l'enfant, 1978, p. 15.

Um mito africano longamente descrito por Denise Paulme[7], "A calabaça e o carneiro", retoma a idéia de devoração.

A calabaça representa uma planta-mãe germinada sobre as cinzas de uma mulher que mata e engole todas as crianças da aldeia. Esse fruto que cresce rápido demais nesse adubo torna-se sufocante e exuberante. A mãe, que revive através dessa planta temível, agarra e devora todas as crianças da aldeia e mais particularmente aquelas que arriscariam lhe escapar. Um carneiro é então convocado. Com seus chifres, rasga a calabaça para liberar as crianças presas no interior. Tudo voltará à ordem graças aos chifres do carneiro que virá pôr um termo ao caos. Mas é de fato a mesma calabaça que devora e que dá a vida.

Dissimulada em todo amor, esconde-se a idéia da devoração. Da devoração animal de seu filhote. "Dá vontade de comer essa criança". "Devoro-a com os olhos desde que nasceu, não consigo desviar meu olhar do berço". Desde a noite dos tempos, as mulheres, justamente por não serem ogros, recusam o prazer de devorar os filhos. Não é a vontade que falta. Mas é justamente por haver falta que não o fazem. A posição animal bascula em razão mesmo da castração no registro do humano e do simbolizável.

Pensar que existiria um amor materno sem violência, sem ódio, sem ambivalência seria tão radical quanto negar a existência do inconsciente.

Os fantasmas de devoração estão em ação tanto nas mães quanto nos bebês. Quanto mais houver para o filho terror à idéia do desejo de devorar a mãe, mais ele a viverá como cruel, com essa permanente angústia de fusão e de morte. O corpo a corpo tão forte e violento entre uma mãe que acaba de dar à luz e seu pequeno põe em primeiro plano esses fantasmas de animalidade. Mais tarde, os filhos que desenham monstros de dentes assustadores falam sempre desse vínculo muito arcaico e terrificante com as mães. "Falar de estádio sádico oral", sublinha Jacques Lacan, "é em suma lembrar que a vida é no fundo assimilação devoradora como tal. No estádio oral, é o tema da devoração que está situado na margem do desejo, é a presença da goela aberta da vida[8]".

Desde Freud, sabemos que o lactente, para além da demanda de comida, para além da necessidade, busca apenas saciar sua fome. Esse filho quer engolir a mãe, ele a deseja inteira e um sentido sexual é por conseguinte dado ao cani-

---

[7] D. Paulme, *La Mère dévorante*, Paris, Gallimard, 1976.

[8] J. Lacan, *Le Séminaire, Livre VIII*, "Le transfert", Paris, Seuil, 1991, p. 242.

balismo. "Nutrir-se está, para o homem, ligado ao bom querer do Outro... não é só do pão e do bom querer do outro que o sujeito primitivo tem de se nutrir, mas efetivamente do corpo daquele que o nutre[9]".

As mães falam às vezes do medo de serem destruídas, desse sentimento de serem "esvaziadas" por seu bebê. "Ele me esgota, não posso mais, ele me suga". Esses bebês vividos como vampiros estão para elas numa demanda sem fim que elas não conseguem saciar; e o amor apaixonado e exclusivo desse lactente por elas lhes dá o sentimento de serem devoradas por ele. Como se essa "goela aberta da vida", essa violenta força libidinal do filho se tornasse para elas insuportável[10].

"Meu irmão está comendo a mamãe", dizia uma menina de três anos olhando aquele lactente ávido mamar.

Se a mãe não se sente apoiada, se sua história a tornou narcisicamente frágil, se por ter se tornado mãe ela não pode mais ser mulher, então ela se coloca em perigo. Com ou sem peridural no parto, ela ficará com raiva desse filho que a fará terrivelmente sofrer.

Num primeiro tempo, terá sido a mãe perfeita, terá se sacrificado, posição masoquista. Amor perfeito em que tudo é dado ao outro para que nada lhe falte. Mas aí ainda a armadilha se fecha. O imaginário é dono do jogo e a simbolização, por não remeter a mãe para o lado da perda, fracassa. Trata-se de uma mãe mítica sacrificada a seu filho, ou de um filho sacrificado devorado pelo amor de sua mãe. Como poderia ser diferente numa relação dual em que, como o nome indica*, um dos dois parceiros restará abatido após o duelo?

Lembremos as razões dadas por Winnicott para o ódio na mãe: "A mãe odeia seu filhinho desde o início... mesmo menino; permitam-me dar algumas das razões (...)

– O filho representa uma interferência em sua vida privada, um desafio à ocupação anterior. Numa maior ou menor medida, uma mãe tem o sentimento de que sua mãe lhe exige um filho, de modo que seu filho é produzido para que ela se concilie com sua mãe (...)

– Ele é cruel, trata-a como uma 'menos que nada', como doméstica sem salário, como escrava (...)

---

[9] Ibid., p. 239.

[10] C. Boukobza, *Le Risque d'hémorragie narcissique chez la mère et ses effets sur l'enfant*, Unité d'accueil mère-enfant de Saint-Denis, Jornada de 16 de dezembro de 1977.

* Em francês, *duelle* ("dual") e *duel* ("duelo"). (NR)

– Ele é desconfiado, recusa sua boa comida e a faz duvidar de si mesma, mas come bem com a tia.

– Após uma manhã assustadora com ele, ela sai e ele sorri para um estranho que diz: 'Como ele é bonzinho'.

– Se no início ela lhe faltar, ela sabe que ele vai fazê-la pagar eternamente.

– Ele excita mas a frustra – ela não deve comê-lo nem ter uma troca sexual com ele[11]".

"Não reintegrarás teu produto", diz simbolicamente o pai à mulher que acaba de dar à luz seu filho. Nem comê-lo, nem esposá-lo, eis colocados dois dos tabus da espécie humana, o interdito do incesto e o do canibalismo. É este terceiro termo interditor que é indispensável à mãe para escapar à situação dual, à paixão, isto é, à loucura ou à morte.

Nem mãe mítica nem mãe devorante, sacrificada ou sacrificante, ela será "suficientemente boa" à maneira como disso falava Winnicott e as pulsões agressivas normalmente em ação poderão ser sublimadas.

Sempre nos foi afirmado, quando mães estavam impossibilitadas em sua capacidade de cuidar de seus bebês, que elas estavam em posição de vítima.

Winnicott lembrava isso com freqüência: uma mãe é naturalmente boa. Se fracassar como mãe, é que traz em si uma ferida bem mais antiga que jamais se fechou. Às vezes, trata-se de uma grave carência materna em sua infância. Nem mesmo se trata mais para ela "de animalidade"; ela não busca nem devorar, nem preencher o filho, ela não quer ser perfeita. Esse bebê lhe cai literalmente das mãos, ela não pode carregá-lo nem física nem moralmente.

A respeito de animalidade, a espantosa experiência de B. Seay[12] mostra como, de 51 macacas separadas das mães no nascimento, 9 apenas tiveram filhotes ao ficarem adultas. Das 9 mães, 5 os deixaram morrer na maior indiferença e 4 tiveram comportamentos agressivos que acarretaram a morte dos recém-nascidos.

Mesmo a animalidade é fracassada, o comportamento tornou-se aberrante, não se pode ter confiança no instinto animal para criar os bebês contra tudo e contra todos.

---

[11] D. W. Winnicott, "La haine dans le contre-transfert", in *De la pédiatrie à la psychanalyse*, trad. de J. Kalmanovitch, Paris, Payot, 1969, pp. 80-81.

[12] Seay, Hansen, Harlow, "Mother infant separation in monkeys", in *J. Child Psychol. psychiat.*, nº 3, 1962, pp. 123-132.

Uma mulher ferida pode se tornar mortífera, perder todas as suas referências, afundar no delírio no momento do nascimento de um filho. Mas podemos falar de instinto materno entre os humanos? Uma fala louca pode bastar para vir tudo destruir na relação de uma mãe com seu filho, uma maldição familiar, de que ela é portadora, às vezes sem que saiba: "Você vai ser uma mãe má, será uma matadora de crianças".

Por nossos quinze anos de trabalho em serviço de neonatologia no Hospital Delafontaine, adquirimos a convicção de que a intervenção da medicina podia aqui vir desfazer uma fala, podia às vezes acabar com uma maldição.

Num serviço de reanimação, as mães que acabam de dar à luz um filho doente ou um prematuro estão, mais do que todas as outras, confrontadas em si mesmas com uma imagem de mãe má. Uma mãe que não pôde carregar o filho, que lhe deu uma vida frágil demais, que talvez tenha desejado sua morte.

Se a ambivalência está presente durante todo o tempo da gravidez, o nascimento sem problema renarcisa a mãe ao lhe oferecer um belo bebê saudável que a tranqüiliza e a gratifica.

Quando o nascimento precipitado se passa no pânico e na urgência, quando os médicos não podem tranqüilizar a mãe, quando o bebê está realmente em perigo, a realidade reencontra o fantasma e surge o trauma.

"Era mesmo verdade; eu era má, eu queria a morte dele", disse-me um dia uma mãe de prematuro que se acusava de ter tido vontade de se livrar do filho durante toda a gravidez.

O trauma é sem fala; ele permanece sem palavra porque é por definição impensável.

Essas mulheres, de quem foi retirado o filho ao nascimento, buscam a qualquer preço uma explicação, uma causalidade, elas querem estabelecer um vínculo psíquico. Há uma força que empurra o sujeito a encontrar causalidades para qualquer acontecimento. É preciso dar ao acontecimento uma significação, um estatuto. É uma tentativa de reconstrução da verdade histórica. Esse trabalho de elaboração é indispensável para as mães. Notamos então o quanto as falas consoladoras das pessoas à sua volta ou da equipe terapêutica não servem para nada, a não ser deprimi-las ainda mais. É evidente que tentamos calá-las porque não se trata, aqui ainda, de deixar uma mãe falar da eventualidade de um desejo de morte.

A maioria dessas mães é engolida, no nascimento do filho, por um fluxo de culpa. Sentem-se más e o filho torna-se por vezes para elas como que um perseguidor. Ao sair do serviço, essa mãe deverá conviver com um filho que está vivo graças a outros, que a feriu narcisicamente, um filho que lhe deu o gosto do fracasso.

Ela será agressiva com seu bebê da mesma forma que se sentirá agredida por ele.

A equipe estará por vezes, como que para poupar mãe e filho, em posição de ser para ela "má".

Em todo caso, a equipe virá proteger a mãe do filho e este da mãe.

Lembro-me do alívio daquela mãe que tivera uma gravidez muito difícil, quando um dos médicos da equipe lhe disse: "A senhora pode ir descansar, agora sou eu quem cuido do seu bebê". Disse-me ela alguns dias depois que naquela noite havia reencontrado o sono. Não era mais a única responsável por seu bebê.

"Eu sabia", disse-me ela, "que ele o faria viver à força, eu estava tranqüila". Aliviada da luta empreendida pela equipe para forçar seu filho a viver apesar dele – ou apesar dela –, ela podia enfim descansar.

O serviço pode também estar por vezes em posição de autorizar uma mãe a não mais ser "mítica", a se livrar da responsabilidade pelo filho que, nesse instante preciso de sua vida, a coloca em perigo.

Pareceu-nos freqüentemente que não era sempre querendo manter laço custe o que custar que melhor mantínhamos este laço entre os pais e o filho.

O serviço, protegido por todas essas antecâmaras e seus rituais de entrada, pela segurança e autoridade dos médicos, vem proibir à mãe e ao filho que se devorem um ao outro.

Há, por um lado, o saber científico e, por outro, o enredo fantasmático no qual a criança e os pais têm um papel atribuído. A distribuição da peça é então diferente; e o corpo da criança não é mais encenado da mesma maneira. É de uma outra história que a mãe vem falar, uma história impossível de ser ouvida para reanimadores, já que se trata de suportar nela ouvir a morte inscrita como realização de um desejo. Esse saber, essa pré-ciência da mãe marca o corpo do filho como lugar privilegiado de uma inscrição. Inscrição dos significantes do discurso do Outro, é de fato isso o que deve ser ouvido no discurso materno.

Para-além do "falar com o bebê", hoje difundido, certamente uma iniciativa indispensável que merece ser estimulada, é essa inscrição que é fundamental situar e que permitirá à mãe e ao filho se encontrarem de outra maneira, as cartas podendo por vezes ser novamente distribuídas. Hoje em dia, na maioria dos serviços de reanimação de lactente, o esforço dos psicólogos e dos psicanalistas que nele trabalham parece referir-se à necessidade de manter, a qualquer preço, laço entre mãe e filho. Apoiar a mãe, permitir-lhe sofrer de preocupação materna primária, apesar das telas da tecnologia e das interferências do poder dos médicos. Essa posição, explica Catherine Druon[13], psicanalista em neonatologia em Port-Royal, deve, para fazer corretamente, ser "hiper-materna". O contato pele a pele, a escuta benevolente da mãe, o acolhimento do bebê através da fala, como humano no mundo dos humanos, é certamente indispensável; mas é suficiente?

O que a nós se impôs em nosso trabalho em Saint-Denis foi também outra coisa que essa posição de autorização e de tranqüilização "hiper-materna"; foi uma posição mais paterna, uma posição terceira em que a equipe inteira viria proteger, separando-os, mãe e filho.

Nesse tempo de corte, o analista terá de trabalhar a questão da perda, a simbolização desse nascimento que justamente na urgência, no drama e na insustentável presença da morte não pôde ser falado. Sigmund Freud, em *Malaise dans la civilisation*[14] [Mal-estar na civilização], descreve o instinto de morte como operando em silêncio no interior do organismo em vista de sua destruição. Ele sublinha que uma parte desse instinto pode ser posta a serviço do Eros quando ele se desvia para o mundo exterior a fim de destruir algo de animado em vez de destruir a si mesmo.

Este desejo de destruição não é coisa fácil de ser entendida por médicos que fizeram tantos anos de estudos para salvar a vida de bebês, para "restaurar" a criança e devolver às mães o que eles pensam ser enfim o bebê falicizado de seus sonhos.

Interrogar-se sobre os efeitos da linguagem em sua relação com o corpo da criança, questionar a equipe a respeito da inevitável transferência que se instaura entre eles e os pacientes são dificuldades com as quais estão confrontados os psicanalistas que trabalham em maternidade ou em pediatria.

Pensam os médicos hoje em dia, graças à presença dos "psi" que ali estão por vezes mais para "fazer calar o sintoma", isto é, para serem recuperados em proveito da medicina, ou graças à possibilidade, como lembrava aquele obstetra, de aplicar peridurais, poderem pôr de lado esta dimensão do inconsciente?

---

[13] C. Druon, *À l'écoute du bébé prématuré. Une vie aux portes de la vie*, Paris, Aubier, 1996.

[14] S. Freud, *Malaise dans la civilisation*, trad. de C. e J. Odier, Paris, PUF, 1971.

Quando não é o próprio psicanalista que é radicalmente posto de lado.

Não se busca impunemente resolver o mito da relação com a mãe, o mito do amor absoluto.

No entanto, ninguém ignora, o amor paixão, animal, traz em si uma promessa de assassinato. Excessivamente fusional, está mais próximo da morte do que da vida.

Ele é possessão devastadora. Por amor, matar e engolir o outro torna-se possível; não é essa lembrança que nutre a angústia de certos homens face ao desejo das mulheres?

Não é essa lembrança que torna tão inquietante o sorriso da Gioconda?

Capítulo 2

Psicanálise em neonatologia

"A psicanálise trata do conjunto das conseqüências ligadas ao fato de que o homem fala. Ela tem por possibilidade ou pretensão ordenar uma série de fatos clínicos que derivam também de outros campos."
Ginette Raimbault

Naquele dia, o serviço de reanimação neonatal do Hospital de Saint-Denis estava mergulhado em grande confusão. Aquela equipe perfeitamente organizada, treinada para dominar o pânico das urgências, perita em tecnologia, via-se superada por uma moça firmemente decidida a não aderir a seu discurso. O médico-chefe a convocara e acabava de lhe comunicar sua satisfação e a de sua equipe: seu bebê de 3 meses estava enfim curado e ela ia poder, dentro de poucos dias, tê-lo de volta em casa.

Bem prematuro, estava então cheio de vigor e em boa saúde. Graças aos cuidados recebidos, não teria seqüelas e a equipe estava satisfeita com o trabalho cumprido. Mas aquela estranha mãe teve então uma reação inimaginável para eles. Anunciou que não queria o filho de volta.

"Fiquem com ele", dissera. "Ela é louca", pensaram, e o primeiro reflexo que tiveram foi telefonar para o único lugar onde podiam esperar encontrar um psiquiatra: o setor de pedopsiquiatria, já que não há naquele hospital psiquiatria adulta. Mas, em vez de lhes enviar um psiquiatra, o médico-chefe de pedopsiquiatria pediu a uma psicanalista para atender à "urgência". Foi assim que começou, já lá se vão quinze anos, meu trabalho em neonatologia.

Se, num primeiro tempo, a equipe esperava de mim que eu trouxesse aquela mãe à razão, eles puderam igualmente ouvir que, além deles, ela questionava a medicina inteira. Pode-se entender o espanto e a decepção dos médicos que haviam posto tanto ardor em curar um lactente de quem a mãe não queria mais saber, o que questionava, ao mesmo tempo, o resultado dos esforços da equipe.

Imaginá-la louca certamente teria sido a coisa mais fácil ou mais confortável, mas a psicanálise, sabemos, nunca pactuou com a facilidade ou com o conforto.

Uma outra leitura do problema foi então proposta à equipe.

Se aquela mãe não delirava, tínhamos que admitir que ela se vira, naqueles três meses de hospitalização, impossibilitada de assumir o filho. Reconhecer que ela não estava louca era para a equipe aceitar interrogar o que se passara durante aquela separação.

Se o bebê fora salvo "fisicamente", era evidente que um outro trabalho se perdera, como quando perdemos um trem e ficamos ali plantados, na plataforma da estação.

Para tentar utilizar um modo de funcionamento diferente, um projeto de trabalho foi proposto ao serviço.

Não se tratava mais de vir de urgência em socorro da equipe terapêutica cada vez que uma criança ou sua família criava problema, mas de utilizar um atendimento sistemático de cada criança e de seus pais. Estava fora de questão, pois, "tratar", cada vez de um jeito, mães doentes por terem sido separadas de seus filhos ou filhos doentes por terem sido separados de suas mães, e sim elaborar em conjunto um projeto comum que permitiria não só salvar a vida dos lactentes, mas também salvar seu desejo de viver e a capacidade de amar de seus pais.

O analista não estava mais ali para reparar os eventuais estragos de longas hospitalizações, mas para "reanimar" trabalhando com os reanimadores num outro registro. Reanimar a criança e o discurso que a anima. Não se tratava mais portanto de atendimento sob prescrição quando as famílias vão mal, quando os pais estão infelizes ou agressivos e o trabalho dos médicos sofre com isso. Se tal fosse o caso, ali estaríamos não para ajudar os pacientes, mas a medicina.

A idéia de uma co-responsabilidade entre reanimadores e psicanalista num serviço de neonatologia era uma idéia nova; foi aceita pelo médico-chefe e por toda a equipe.

O trabalho foi implantado em vários níveis.

Primeiramente com a criança.

Como tentar entender o que pode ser o sofrimento da criança num serviço de reanimação?

As pesquisas atuais colocam o acento nos espantosos desempenhos dos recém-nascidos. Como as crianças prematuras, mais imaturas, podem, em função do que percebem e sentem, apreender o mundo, presas no fundo de suas incubadoras? Fracas demais para dar sinal e fracas demais para decodificar os sinais que lhes são enviados, não precisam elas mais ainda de atenção e disponibilidade que outras?

A carga de trabalho do serviço torna esta disponibilidade possível? Os bebês se constroem, em parte, graças à possibilidade de devaneio das mães.

À espera de uma resposta que sabem rapidamente desencadear, eles antecipam as reações das mães no jogo das presenças-ausências em que a função paterna já desempenha um papel essencial de triangulação.

O que vai acontecer com a criança hospitalizada?

Para alguns, os prematuros sofrem de uma falta de estímulo; para outros, sofrem por serem demasiadamente estimulados.

Toda semana, reuniões de sínteses com toda a equipe nos levam a pensar a criança antes de tudo enquanto sujeito. Desde sua entrada no serviço, tentamos acolhê-la não só como um corpo a ser posto novamente em marcha, mas como um homenzinho portador de uma história que precede de muito o momento de sua hospitalização, ainda que esta ocorra no instante de seu nascimento. Essa história, de que sua permanência em neonatologia será apenas um episódio, continuará depois, contanto que nada venha interromper-lhe o curso.

Para além do estudo das competências e longe do mero cuidado de observação, ressaltamos o lugar a ser dado à criança e à fala verdadeira, pois esta fala tem poder sobre o corpo. Os cuidados médicos, portadores de desejo de vida, nem sempre bastam. É preciso também, para viver, inscrever-se numa fala, senão um ser humano morre. Caso se inscreva numa fala louca, fica louco.

Duas crianças de mesmo termo, com o mesmo peso ao nascer e apresentando uma sintomatologia similar, não evoluem forçosamente de modo idêntico, ainda que se beneficiem da mesma qualidade de cuidado.

É de fato essa generalização impossível que nos questiona. Cada corpo inscrito numa fala diferente é diferente e o saber dos médicos relativo ao corpo em geral se depara com a verdade do corpo particular de cada um. É este vínculo de verdade entre a fala e o corpo que o analista em serviço de medicina vem questionar.

Essa verdade é outra que o saber médico; ela coloca a questão do desejo e do fantasma.

Os médicos freqüentemente se espantam: "Falamos com os pais, explicamos de que sofrem os filhos, mas na maioria das vezes eles não entendem. Às vezes, tranqüilizam-nos afirmando que certamente não é grave, embora tenhamos acabado de lhes dar notícias muito ruins. Outras vezes, ao contrário, estão persuadidos de que o filho vai morrer, embora tenhamos tentado tudo para lhes explicar que não havia nenhuma inquietude com respeito a ele".

É que a hospitalização toma um sentido diferente para cada família.

A mãe de Pierre, presa na armadilha de uma repetição, com efeito não conseguia ouvir os médicos, "é evidente", confiava-me ela chorando, "minha mãe também teve um filho morto ao nascer; por mais que eles digam, Pierre não poderá viver. Como poderia eu fazer melhor que minha mãe?".

A mãe de Julie, ao contrário, embora a filha não estivesse bem, tranqüilizava os médicos: "Também fui um bebê prematuro, na minha família todas as meninas são pequenas e nascem antes do tempo. Se Julie tivesse sido diferente, aí é que eu teria ficado realmente surpresa, não teria sido minha filha".

É por esse discurso que a criança é levada e que pode por vezes cair na armadilha. Para que o sujeito nisso se encontre, ele precisa de disso se desprender.

O tempo de trabalho sobre o fantasma é o da consulta com o psicanalista. O trabalho se faz com os pais, mas também no serviço com as crianças, falando-lhes de suas histórias, dos cuidados a que são submetidas, das razões de sua hospitalização.

O trabalho com os pais.

Ele começa desde o início do atendimento da criança na unidade. Ao entrarem, uma consulta é marcada com o médico que será responsável pelo acompanhamento médico do atendimento do bebê durante sua permanência e uma outra comigo, apresentada como psicanalista responsável pelo acompanhamento psicológico do bebê no serviço.

Desde essa primeira entrevista e por ocasião de todas as outras, os pais falam de sua angústia, do traumatismo que representa esse encontro com o real. Uma simbolização deve poder ser possível para que os pais continuem a imaginar esse filho, para que ele não se torne para eles um pedaço de carne a ser reanimado, objeto da medicina, e continue sendo uma criança, o filho deles.

As mães que acabam de dar à luz, prematuramente ou não, um filho que lhes é imediatamente retirado porque os médicos acham que está em perigo sentem-se inteiramente dominadas por um sentimento de culpa tão violento que todas as suas referências ficam abaladas.

O tempo está suspenso e os dias são contados apenas ao ritmo das pesagens do bebê que continua a gravidez sem elas, numa incubadora que "incuba" em lugar delas o filho que não souberam segurar. Mães com freqüência nos perguntam: "Qual vai ser o dia do aniversário dele? Aquele em que saiu de minha barriga ou aquele em que vai sair da incubadora? Vocês têm sorte, na incubadora de vocês ele não mexe muito, na minha barriga ele me machucava".

Essa criança, dolorosa para elas e fácil para nós, elas quase sempre não conseguem olhá-la, falar-lhe, dar-lhe um nome.

O que ali está em sofrimento é a possibilidade de investimento libidinal da mãe. Como colocar esse bebê num lugar de ideal onde a "falicização" seria possível?

Como esse filho tão magro, tão doente, pode ser criador de mãe?

"His majesty the baby", de que falava Freud, não se assemelha para a mãe a um filho prematuro. Ela não se reconhece nesse filho que não pode se reconhecer nela.

Espelho partido, sonho impossível, a ilusão e o sonho se deparam com a violência do real e a criança corre bem o risco de ser apenas reduzida a esse puro real se nada de simbólico vier permitir sua falicização.

Essa etapa é indispensável para o bebê e não fará dele um objeto fetiche, prisioneiro do fantasma de sua mãe, se for para um outro que sua mãe se volta, permitindo então ao filho ser prometido a um outro ou a uma outra, por sua vez...

Se o olhar da mãe se desvia do filho, se o filho fraco demais e distante demais não dá à mãe o sentimento de que se interessa por ela, o investimento de amor entre eles se torna problemático e o bebê não tem mais nada em que se agarrar para se construir.

Como investir um filho que ela sente monstruoso e perseguidor, um filho que lhe significa sua impotência e seu fracasso?

Por trás das vidraças da unidade, por trás dos vidros das incubadoras, espelhos que nada refletem, as mães têm dificuldade de olhar um filho que não lhes envia nada da própria imagem delas. O trabalho com as mães é sempre um trabalho de luto, de perda e de separação. É quando elas podem simbolizar a falta que para elas se torna mais fácil descolar o filho do horror do real e projetar sobre ele um futuro possível.

Dia após dia, rituais de entrada de unidade, de saída de incubadora são instalados como tentativas de simbolização.

Semana após semana, a equipe, que renuncia a se posicionar como "boa mãe, todo-poderosa", aquela que sabe fazer viver o filho, questiona a mãe, a verdadeira, sobre o que ela sente: "Vocês que o conhecem melhor do que ninguém, como acham que ele está esta manhã? Ajudem-nos a entendê-lo, a saber o que é bom para ele".

Este convite, ou talvez esta autorização para projetar-se no filho, para "antecipar", permite à mãe "fabricar" seu bebê ao mesmo tempo que permite ao bebê fabricar sua mãe.

Enquanto outro, a equipe tem também uma dupla função:

- separar a criança da mãe;
- autorizar esta a se tornar mãe para seu filho.

Esta função é ainda mais acentuada quando o pai está ausente e não há família em posição de apoiar a mãe.

É este trabalho que permite à mãe manter para seu filho um projeto vivo. O tempo da hospitalização, se repara o lactente, deve permitir à mãe reparar também sua própria imagem; caso contrário, ao sair da unidade, ela será incapaz de cuidar dele.

Temos que levar as mães a pensarem que, se o filho está vivo, elas têm algo a ver com isso. A maioria das mulheres que recebemos na unidade não teria sido mãe sem os progressos da ciência.

Seus bebês não teriam vivido e elas sabem – melhor do que qualquer um – que são portadoras de morte.

A mamãe "louca", para quem fui chamada de urgência na primeira vez na unidade, não era nem um pouco louca.

Foi com todo conhecimento de causa que ela me confiou: "Na unidade, eles lhe deram a vida, sem que eu tivesse que cuidar dele; eu não devia me aproximar dele, eu só pude lhe dar a morte".

O hospital que vem fazer terceiro pode proteger a mãe de seu filho e o filho de sua mãe, absorver a violência mortífera do fantasma deles.

Nossa convicção hoje é que a hospitalização não é obrigatoriamente fonte de complicações psicológicas para o bebê, mas pode, ao contrário, permitir – contanto que estejamos à escuta da família tanto quanto à escuta dele – salvar não só a pele de uma criança, mas também "sua pele psíquica"; é nisso que o papel da unidade, para além dos cuidados, é essencial.

O trabalho com a equipe permite interrogar incessantemente as dificuldades cotidianas encontradas.

Como suportar a angústia desencadeada por certas crianças? A agressividade desencadeada por certas famílias?

Impossível, nessas condições, evitar um questionamento mais pessoal.

É claro, essa iniciativa não era a dos médicos que primeiro pediram a colaboração com analistas. Seus questionamentos estavam antes ligados aos progressos da ciência.

Quanto mais as técnicas se aperfeiçoavam, mais as crianças eram salvas ao preço de hospitalizações longas e penosas para todos; famílias, crianças, médicos, além dos serviços de medicina, se interrogavam: as hospitalizações prolongadas, ainda que salvem vidas, não estariam fabricando crianças psicóticas? Não estariam jogando com o desenvolvimento da criança, com o destino das pulsões? Não estariam tornando masoquistas bebês habituados a sofrer? Não estariam tornando depressivos ou retardados bebês desmamados de suas estimulações habituais e estruturantes? Temos que nos abster por não estarmos seguros de não prejudicar ao querermos fazer bem?

Às voltas com estas questões difíceis, a medicina moderna apelou para a psicanálise para ficar mais "perfeita", ainda mais sábia, e para reparar os eventuais estragos dos progressos científicos.

Mas trata-se de reparar os estragos?

Uma mulher de 40 anos, médica, veio consultar-me, há alguns anos, em razão de uma grave depressão cujos sintomas tinham aparecido após uma fecundação *in vitro*.

Estéril, aceitara, a pedido do marido, uma doação de óvulo, método à época exclusivamente americano, consistindo em comprar, a preço elevado, óvulos de uma mulher desconhecida, num banco de óvulos. O esperma do marido fecundava os óvulos em proveta e era reimplantado na mãe o óvulo que parecia mais apropriado. Ela então se tornava mãe portadora de um filho do marido e de uma mulher desconhecida.

A fertilização *in vitro* havia fracassado e os médicos punham na conta deste fracasso a violência da inexplicável depressão em que ela se achara mergulhada. Essa mulher lembrava muito bem ter-se sentido deprimida antes da gravidez frustrada. Na época, haviam lhe aconselhado uma psicoterapia que colocaria, diziam, mais chances do lado da medicina para que ficasse grávida na próxima tentativa. O que foi trazido por ela, por ocasião do trabalho analítico, foi a violência dos fantasmas que aquelas manipulações haviam reativado. O filho de mãe desconhecida podia ser o de sua própria mãe? Achava-se ela novamente mergulhada nos tormentos de uma história incestuosa? Que lugar tinha aquele filho? Quem era realmente o pai?

Dom de óvulos, dom de espermas, filhos de Prêmio Nobel comprados a preço de ouro nos Estados Unidos, crianças de 500 gramas que, apesar de tudo, são mantidas vivas pelos progressos da ciência, todas essas técnicas enlouquecem os pacientes tanto quanto os médicos.

Se a psicanálise pode trazer uma luz diferente, ela não pode certamente responder à angústia ou apaziguar as inquietudes que essas técnicas provocam, ainda menos pode aperfeiçoar-lhes os métodos.

O que, por outro lado, nos parece de seu registro é a interrogação que ela propõe à medicina quanto ao lugar que é dado ao sujeito, quanto ao lugar dos médicos, quanto à questão do todo-poder.

Se a equipe de neonatologia não aceitar entregar os pontos, renunciar *a minima*, a mãe guardará em relação ao filho este sentimento de estranheza tão freqüentemente expresso: "Ele não vai me reconhecer ao voltar para casa, eu não o reconhecerei tampouco, não serei eu quem o terá criado".

Alice

A história de Alice é exemplar, já que esta jovem mulher fora por dois anos enfermeira em nossa unidade. Ela conhecia toda a equipe e tinha uma excelente recordação daqueles dois anos de trabalho até o momento em que, dando à luz prematuramente, seu bebê foi transferido para o nosso serviço. Ela contou então o terrível sentimento de estranheza que dela se apossou. Esquecera tudo da técnica dos cuidados aos recém-nascidos, não ousava cuidar do filho, esperava a autorização das enfermeiras e, embora tivesse vindo todos os dias, conta-me hoje que teve a impressão, ao deixar o serviço um mês após ter dado à luz, de não conhecer o filho. Era um estranho, ela estava desamparada. Ficou 5 dias e 5 noites com o bebê nos braços antes de se dar conta de que o pesadelo havia acabado; eles tinham enfim se encontrado. Alice me diz brincando: "De fato, no serviço, penso que teria sido melhor com meu filho se eu tivesse podido vestir de novo minha blusa branca".

Alguns meses antes, a mãe de Julien que, esta, nunca fora enfermeira, me explicava: "Ao sair do serviço, vou comprar uma blusa branca para que meu filho me tome por um médico e fique tranqüilo".

Mas quem é tranqüilizado por essa blusa branca, senão a mãe que sente a necessidade de penetrar na pele de uma outra, aquela que sabe dar a vida?

Esses filhos doentes, essas mães feridas estavam prontos para viver juntos?

As mães têm medo de suas pulsões mortíferas e o hospital, função paterna, mediador, pode vir protegê-las disso.

Ele vem garantir à mãe que o filho, num primeiro tempo, viverá apesar dela, o que atenua sua culpa e, num segundo tempo, caso a mãe seja atendida, que seu filho viverá graças a ela.

Para ocupar essa função e fazer esse trabalho, a equipe enfrentará uma dura prova: não só terá que renunciar à onipotência, mas deverá também questionar um pouco as idéias prontas sobre o amor idealizado das mamães.

O analista conhece a violência e o ódio, pode entender os desejos de morte das mães e o vigor das pulsões de morte em ação no filho. A maternidade não é um conto de fadas e o traumatismo da hospitalização nos lembra disso.

Essa violência, que deve também ser ouvida no serviço, está algumas vezes em primeiro plano.

Certas mães desencadeiam a agressividade projetando sobre o hospital um lugar monstruoso habitado por feiticeiras demoníacas que sentem prazer raptando e maltratando seus filhos.

Mas, de toda forma, a equipe deve situar que se trata aí de tentativas de projeção, de distanciamentos através dos quais a mãe tenta desesperadamente reconhecer-se como "boa".

No tempo da separação, deverá ser elaborada pelas mães, com a ajuda da equipe, a maternidade.

Freqüentemente estas mães passarão por uma modificação psíquica importante, durante a qual se poderá construir "o instinto materno".

Karim

"Quando o vi pela primeira vez, achei-o tão feio que não tinha vontade alguma de tocá-lo", nos diz a mãe de Karim. Esta mãe precisou de muito tempo para assumir seu bebê.

O instinto materno não ocorre por si só; é a construção de uma história de doçura e de amor que começa bem antes do nascimento, bem antes da concepção, na época em que a mãe, imitando a sua, consolava-se de ser uma menina brincando de boneca e, para além mesmo da aventura edipiana, na época mais longínqua ainda em que sua própria mãe cuidava dela, bebê.

Diante do lactente doente, a mãe, por vezes, na impossibilidade de continuar a desejar, não pode mais reconhecer-se como mãe.

Antes de uma criança falar, podemos imaginar tudo. É isso que torna as crianças tão fáceis de amar.

Diante da doença, as mães perdem sua imaginação. É preciso então trabalhar com estas mulheres em sofrimento dando-lhes tempo para que descubram seus bebês.

A equipe deve aceitar estas mães em dificuldade, não rejeitá-las ou ter medo delas, não ser tentada a tomar seu lugar junto da criança. Mas, do lado dos bebês, o problema pode também colocar-se da mesma maneira.

Certos bebês rapidamente assumem para a equipe terapêutica um papel particular. Esta menina é caprichosa, esse é antipático, aquele é adorável.

Steve

Lembro-me deste bebê "antipático", um menino prematuro, Steve, que pesava 900 gramas ao nascer. Este bebê recusava sistematicamente o contato conosco, mas não era indiferente ou ausente – recusava; quando tentávamos alimentá-lo com a mamadeira, vomitava. Quando queríamos lhe falar, virava a cabeça para o outro lado. Até o dia em que compreendemos que esse bebê tomava todas as mamadeiras caso fosse confiado a uma enfermeira em particular. Uma mulher distante e desligada que dava a mamadeira olhando para outro lugar, que o carregava na ponta dos braços, sem querer mimá-lo, nem contar-lhe história, uma enfermeira que me disse um dia que não gostava dele, porque ele só a ela suportava. Só mais tarde, ao compreendermos a história de Steve e a de seus pais, entendemos o quanto ele precisava, para sobreviver, pôr esta distância entre ele e nós, se proteger do "excesso de amor". Steve é hoje um menino de 2 anos saudável, alegre e comunicativo. Era importante para ele que aceitássemos sua rejeição e que respeitássemos sem preconceito sua maneira de ser no mundo, sem querer lhe dar, a qualquer preço, afeição a nosso modo.

Uma criança que recusa a equipe médica não é uma criança que vai mal.

E uma mãe agressiva que mostra sinais de desinteresse em relação ao filho não será forçosamente uma má mãe. Ainda é preciso que a equipe os deixe fazer seu caminho sem *a priori*, como foi o caso de Zora e sua mãe.

A história de Zora

A mamãe de Zora era de origem árabe, dera à luz, por cesariana, uma menina nascida prematuramente. Era seu primeiro filho. Ela foi atendida no serviço sem dificuldades médicas particulares. No quarto dia após o nascimento, as enfermeiras se preocuparam por não terem tido notícias da mãe.

Quando telefonaram para a maternidade a fim de falar com a mãe de Zora e lhe dar notícias de seu bebê, a supervisora lhes comunicou sua preocupação. Desde que acordara da anestesia, ela não parava de chorar.

Tinham lhe dito que o bebê era uma menina e que tinha sido transferida para o serviço de neonatologia. Tinham até ressaltado que os médicos não achavam que corresse perigo de vida; ela respirava sozinha e tinha inclusive começado a ser alimentada sem dificuldade.

No entanto, havia três dias, a mãe não parava de chorar.

Pensando que essa mãe talvez estivesse terrivelmente preocupada por saber que seu bebê estava conosco, um dos pediatras propôs ir à maternidade para lhe dar diretamente notícias de Zora.

"É uma menina", disse-lhe ela, "não quero vê-la".

Só três dias mais tarde a recebi na unidade, por ocasião de sua primeira visita.

Explicou-me então que era a sexta filha e última criança de uma mãe cujo desespero era não ter tido meninos. "Entre nós, é preciso ter meninos, senão não se é uma boa esposa. Não ousei falar disso com meu marido que ainda está em nosso país".

E vertia desesperadamente suas lágrimas e as lágrimas de sua mãe, recusando ver Zora, desviando os olhos quando a acompanhávamos junto da incubadora e indo embora bem rápido, explicando que não se recuperava das conseqüências de sua operação, "esta barriga que não me serviu para nada; me dói muito, tudo isso é culpa desta menina".

Ficou decidido em reunião de síntese dar algum tempo à mãe de Zora para falar de sua decepção e dessa ferida que a fazia sofrer tanto, antes de lhe propor cuidar de seu bebê.

Durante vários dias, em consulta comigo, mas também falando com as enfermeiras, ela falou do pequeno Medhi que ela estava esperando, daquele menino maravilhoso sempre em seu ventre e de quem não queria se separar. Ela não quis saber o sexo na ultra-sonografia e durante toda a gravidez falou com o bebê chamando-o Medhi.

Dia após dia, as enfermeiras a escutaram sem jamais julgá-la e começavam a falar de Zora, que a mãe olhava agora furtivamente com o canto do olho. Era uma menina presente e apegada que tinha rapidamente conquistado seu lugar no serviço.

A cada consulta comigo, a mãe de Zora se queixava das enfermeiras que queriam o tempo todo lhe falar do bebê, dizia ela.

"Elas me enchem a cabeça dizendo o tempo todo que a menina é quietinha e bonita".

De sessão em sessão, ela começou a sofrer menos da ferida no ventre e pôde falar de uma outra ferida. De sua infância, da violência de sua própria mãe, de suas fobias de impulsão que a deixavam paralisada, tanto estava persuadida de que ia matar a filha.

Quanto mais falava dela com desespero, mais falava à equipe com agressividade e mais pôde começar a falar de Zora com enternecimento.

Um dia, uma enfermeira lhe disse: "Sua filhinha é muito bonita. A senhora já pensou no filho que ela poderia ter um dia?".

Aquela fala foi muito importante para a mãe, que ouviu ali a promessa de uma reparação da ferida de sua própria mãe e foi pouco a pouco se tornando um pouco mais capaz de acolher a filha, que sem vergonha podia começar a se inscrever na história da família.

Foi esse tempo de elaboração que a equipe tornou possível. Investindo a criança no lapso de tempo em que a mãe disso estava impedida, sem deixar de fazer constantemente a Zora referência à sua mãe e à sua história. Eles permitiram àquela mãe dar enfim à luz uma menina e separar-se progressivamente da criança fantasmática de quem tinha continuado grávida.

O que poderíamos imaginar que teria acontecido com essa mãe e com Zora caso tivessem ficado, de imediato, a um só tempo sós e juntas?

Ao deixar a unidade, com Zora nos braços, ela passou de novo por meu consultório, sem ter marcado consulta:

"Só uma palavrinha", disse-me: "diga às enfermeiras que elas não devem ficar zangadas comigo, mas botei pra fora tudo de ruim, eu estava com aquilo na barriga. Agora, Zora e eu vamos tentar viver".

Capítulo 3

O trabalho com os lactentes

> *"O lactente sente angústias intensas. Para falar a verdade, a palavra angústia é fraca demais... o desamparo é da mesma natureza que o que sustenta o pânico. Ora, o pânico já é uma defesa contra a dor psíquica extrema* (agony), *aquela que incita as pessoas a se suicidarem mais que a lembrarem."*
>
> D. W. Winnicott

His majesty the baby

O recém-nascido olha os rostos que se debruçam sobre seu berço, já reconhece o cheiro da mãe, identifica sua voz, reage aos carinhos e à presença das pessoas à sua volta. Os receptores sensoriais e as vias de condução aparecem bem cedo (desde a 7ª semana de gestação), depois se instalam, um após o outro, os sistemas olfativo, gustativo, auditivo e visual. Ao longo do 6º mês de gestação, são todos operacionais. O crescimento dos neurônios atinge seu apogeu ao fim da gravidez. As sinapses entre os neurônios multiplicam-se na hora do nascimento.

O lactente hoje é apresentado pelos cientistas como um computador extremamente competitivo, capaz de substituições e de correlações infinitas. Após o nascimento, essas substituições sinápticas se arrumam e a perda dos neurônios começa[1].

A organização do cérebro humano será função da utilização que o bebê fará com suas experiências, vinculadas com as contribuições do mundo exterior.

Seu potencial genético humano, presente desde o nascimento, será "moldado" por sua vivência e pelas respostas que ele obterá de seus próximos ao chegar ao mundo.

---

[1] B. de Boysson-Bardies, *Comment la parole vient aux enfants*, Paris, Odile Jacob, 1996.

As recentes descobertas dos sábios surpreendem a comunidade científica e, no entanto, já há muito tempo, antes das experiências, das observações e dos registros, o bebê era considerado depositário de um saber imenso e por vezes inquietante. O anjo não devia debruçar-se sobre ele no nascimento para, com um dedo pousado nos lábios, impor-lhe silêncio, deixando assim a marca de uma covinha que ele guardaria por toda a vida?

Em certas tribos africanas ditas "primitivas", o recém-nascido é hoje ainda um ser venerável, considerado detentor da alma de um ancestral e, a este título, depositário de um saber infinito.

Em nosso mundo ocidental, com o advento das civilizações sábias, ele foi relegado ao nível de "conteúdo vazio". Tinha que aprender tudo. Era surdo, cego, incapaz de identificar, de estabelecer índices de correlação, incapaz do mínimo discernimento. O empirismo inglês, mais particularmente, propôs da criança que acabava de nascer uma imagem bem particularmente incompetente.

No fim da década de 1970, os sábios decidiram estudar os recém-nascidos. Numerosas experiências foram efetuadas.

O bebê por conseguinte tornou-se uma supermecânica de cérebro quase mais complexo e mais elaborado do que aqueles dos cientistas encarregados de estudá-lo. Foi demonstrado que os bebês não eram cegos nem tampouco surdos.

Com efeito, embora míope e mais ainda astigmático, o bebê não vê as coisas indefinidas se lhe apresentarem objetos a uma distância de 20 ou 30 centímetros. Em visão aproximada, ele tem as mesmas capacidades visuais que um adulto, desde o nascimento[2].

As experiências foram igualmente feitas com crianças prematuras de trinta e quatro e trinta e sete semanas de idade gestacional. O bebê, prematuro ou não, vê portanto, de perto, com bastante nitidez. É interessante notar que nenhuma dessas experiências sublinha que a possibilidade de acomodação dos bebês lhes permite ver claramente o rosto das mães quando, no momento da mamada ou da mamadeira, são por elas carregados no colo. Entre o rosto deles e o de suas mães, a distância que então se impõe permite olhar sem nenhum problema.

Ao crescer, a miopia melhora e, por volta de um ano de idade, em razão da maturação da fóvea (região central da retina), ele terá as mesmas percepções visuais que um adulto.

---

[2] R. J. Adams, "Visual acuity from birth to 5 months", in *Infant Behavior and Development*, nº 10, 1987, pp. 239-244.

O fato é que o rosto da mãe será percebido desde o nascimento. Com 48 horas de vida[3], ao ser colocado a 30 centímetros de uma parede com duas janelas, o bebê fixa a janela onde aparece o rosto da mãe, ainda que na outra janela se encontre o rosto de uma mulher com a mesma cor de cabelos, o mesmo penteado e uma forma oval idêntica. Evidentemente, a parede é vaporizada com perfume para que a criança não reconheça o cheiro da mãe. As duas mulheres devem ficar em silêncio e manter a expressão mais neutra e imóvel possível. Após algumas mamadas, ele já está, portanto, "marcado" pelo rosto da mãe. Antes mesmo de nascer, ele estaria igualmente marcado, mas, desta vez, de modo inato, sem vínculo com a experiência, pelo rosto humano. O bebê que nasce humano alguns minutos após o nascimento vira-se espontaneamente para imagens (apresentadas a 30 centímetros de seus olhos) de rostos humanos. Ele não se interessa pelos rostos deformados, nem pelos desenhos representando formas ovais brancas. Ele está como que predestinado a reconhecer a imagem de seus semelhantes[4]. Este reconhecimento é inato, da mesma forma que o esquema corporal que, segundo Jacques Mehler, não seria o mero fruto da experiência. "O recém-nascido não deve aprender o que é o rosto humano; tudo se passa, ao contrário, como se já soubesse de antemão, já que parece munido desde seu nascimento de um esquema que corresponde ao protótipo de seus congêneres[5]". É válido para o reconhecimento do rosto mas também para o do corpo humano, outras experimentações o provam.

"O ser humano possuiria no nascimento um esquema corporal que permitiria não só o controle do corpo próprio, mas também o reconhecimento de seus congêneres. A representação que faz deles seria, pelo menos em parte, inata. Não nos seria portanto necessário assimilar por aprendizado a forma do rosto e do corpo de nossos congêneres. Nosso patrimônio nos programaria de antemão[6]". Françoise Dolto pressupunha também o esquema corporal como sendo "inato", mas ao falar da imagem inconsciente do corpo, como encarnação simbólica do sujeito desejante, ela mostrou que era possível conhecer a existência das mãos e ser incapaz de utilizá-las. É possível estar persuadido de ter dois pés

---

3 T. M. Field, D. Cohen, R. Garcia and R. Greenberg, "Mother-stranger face discriminations by the newborn", in *Infant Behavior and Development*, nº 7, 1984, pp. 19-25.

4 C. C. Goren, M. Sarty, P. Y. K. Wu, "Visual following and pattern discrimination of face like stimuli, by newborn infants", in *Pediatrics*, 56, 4, 1975, pp. 544-549.

5 J. Mehler, E. Dupoux, *Naître humain*, Paris, Ed. Odile Jacob, 1995, p. 153.

6 Ibid., p. 156.

e enfiá-los, apesar de tudo, no mesmo tamanco. Entre o saber "genético" da existência do corpo e o corpo que nos representamos e que habitamos enquanto seres de desejo, há uma diferença. Esse corpo é um corpo erotizado que tomará sentido para o sujeito na relação com o outro. Sem essa dimensão do desejo, o potencial genético permanecerá com dificuldade de desenvolvimento.

Do ponto de vista auditivo, os bebês são igualmente muito competitivos, podem extrair as informações sonoras e organizá-las de um modo comparável ao adulto[7]. Ouvem antes mesmo do nascimento, desde o sexto mês de gestação, a voz da mãe, do pai e os barulhos intra e extra-uterinos[8].

A criança já conhece a linguagem. Ela vai adquiri-la de acordo com um processo que parece geneticamente programado. Mas só poderá adquirir essa linguagem se ouvir falar. Segundo Bénédicte de Boysson-Bardies, psicolingüista, o recém-nascido se interessa muito pela voz e já identifica certos elementos de linguagem. É fácil notar o interesse do bebê pela fala. Quando nos dirigimos a ele, ainda que tenha apenas poucas horas de vida, ele está presente e atento e na maioria das vezes abre bem a boca como que para engolir aquela voz que se debruça sobre ele, "bebe nossas falas como se fosse leite fresco", diz a expressão popular. É certo que o bebê, mesmo o extremamente prematuro, é sedento de palavras. Ele tem predisposições para tratar os sons. Saberá imediatamente diferenciar os barulhos da casa ou do hospital, palavras portadoras de sentido. Os "conhecimentos inatos" que a criança tem da fala podem hoje ser demonstrados experimentalmente.

Com algumas horas de vida, o bebê reconhece e prefere a voz de sua mãe, que já ouviu *in utero*, àquela das outras de mulheres[9]. Ele identifica sua língua materna e perde a capacidade de aprender uma outra língua ao longo do tempo. É capaz de espanto e de curiosidade em relação a todos os fenômenos que encontra desde os primeiros dias de vida. Está bem particularmente interessado pelas diferenças de voz, de tonalidade, por tudo o que na comunicação com o outro pode fazer apelo ou signo.

---

7 Werner-Bargones, "Psycho acoustic development in human infants", in Rovel-Collier (Editores), *Advances in Infancy Research*, vol. 7, Ablex Norwood, 1993, pp. 103-145.

8 Granier-Deferre, *Les Compétences auditives prénatales*, thèse d'État, Universidade Paris-Sud, Orsay, 1994, p. 193.

9 A. J. de Casper, W. P. Fifer, "Of human bonding: newborns prefer their mother's voices", in *Science*, nº 208, 1980, pp. 1174 e 1176.

Desde a vida fetal, Marie-Claire Busnel[10] mostrou, fazendo rigorosas experiências, que o bebê era sensível à fala, à voz, ao afeto veiculado pela linguagem.

M. Masakowski, em sua tese de medicina na Universidade de Nova York em 1996, demonstrou rigorosamente que as crianças eram sensíveis aos afetos. Com dois dias de vida, podemos registrar suas reações e constatar que elas são diferentes quando a mãe lhes fala de modo triste, alegre ou zangado. Por outro lado, os bebês não reagem se lhes fazem ouvir as mesmas falas ditas pela mãe por intermédio de um gravador que passa a fita ao contrário. Os pesquisadores se interrogam: os bebês compreenderiam o sentido das palavras?

Françoise Dolto, vinte anos antes, já tentava nos ensinar o quanto a criança era sensível ao que podiam lhe dizer e como reagia aos diferentes estados de ânimo da mãe. Nós a escutávamos, mas era ela ouvida? Foram necessárias "provas científicas" para que os cientistas acabassem por se deixar convencer. Os recém-nascidos, prematuros ou não, estão a pedir "sentido".

Catherine Dolto-Tolitch[11] fala dos fetos como estando perpetuamente a pedir comunicação: são "vigias alegres", diz ela, "sempre à espreita da presença do outro".

Desde o nascimento, a técnica de "sucção não-nutritiva" permite identificar, graças a uma chupeta conectada a um computador, a atenção que o lactente dá ao mundo exterior. O ritmo e a força da sucção dão ao pesquisador uma indicação quanto ao interesse suscitado no bebê pelos diferentes estímulos evocados. Sabemos assim que o bebê não só identifica diferenças de sons e de entonações, mas que pode também pedir, mudando o ritmo de sucção, uma estimulação em vez de outra. Tal como um espectador de televisão que com o controle remoto passa de um canal a outro, ele pode passar indefinidamente o programa que prefere, por exemplo o poema recitado pela mãe durante os últimos meses de gravidez, ainda que seja outra mulher que recite o poema. Compreenderia ele as palavras? O sentido das palavras? Ou só o ritmo, a entonação? A questão do sentido permanece ainda hoje um enigma e nada pôde ser cientificamente provado.

Quanto ao odor, sabemos que o recém-nascido humano é reativo a uma grande variedade de estimulações olfativas. Os bebês com um dia de vida reco-

---

10 M.-C. Busnel, *Le Langage des bébés*, Paris, Ed. Jacques Grancher, 1993.

11 C. Dolto-Tolitch, *Dialogue haptonomique pré et post natal, sécurité affective et ouverture au langage*, Congrès d'haptonomie, novembro de 1995.

nhecem um odor. Se lhes tiver sido proposto no berço desde o nascimento, eles se viram em direção a este odor familiar nos dias que se seguem e logo adormecem acalmados[12].

Recém-nascidos de dois dias escolhem o odor do líquido amniótico da mãe, localizando-se assim através dessas informações adquiridas *in utero*[13].

Com três ou quatro dias de vida, é sabido igualmente que o bebê vira-se sistematicamente em direção ao lenço de seda usado pela mãe em vez de em direção àquele usado por outra mulher. A olfação é muito importante para os bebês e não sabemos ainda hoje identificar tudo o que pode entrar em jogo nesta troca sutil de odor exalado pelo corpo da mãe assim como pelo da criança.

Os bebês reconhecem igualmente as diferenças de gosto. "Lactentes de algumas semanas aos quais é dada ora uma colher de líquido açucarado, ora uma colher de líquido amargo, reagem com mímicas já bem típicas: lábios entreabertos e pequenas lambidas rítmicas para o açúcar, boca fechada com os cantos abaixados e piscadas de olhos para o líquido amargo[14]".

Quanto ao tato, a sensibilidade tátil está presente desde o período fetal. A propriocepção é possível de imediato no nascimento e dá aos bebês as condições de conhecer seu meio antes da maturação de seus receptores centrais ou periféricos. A resposta a uma estimulação existe desde as primeiras semanas de vida fetal[15]. Todos os receptores cutâneos estão presentes. A sensibilidade tátil é possível no recém-nascido. Ele responde, segundo os pesquisadores, às questões que lhe são formuladas quanto à textura de um objeto e reconhece (método de sucção não-nutritiva) um objeto apresentado visualmente se o tato (chupeta lisa ou com asperezas) estiver associado à apresentação visual.

Eis, portanto, nos nossos dias, o bebê novamente sábio graças às pesquisas dos cientistas.

Não faz muito tempo, quando eu estava no serviço de neonatologia, ocupada em conversar com um bebê, ouvi uma enfermeira contar a uma mãe africana as últimas descobertas sobre as capacidades dos lactentes.

---

[12] Balogh, Porter, "Olfactory preferences in human neonates", in *Infant Behavior Development*, nº 9, 1986, pp. 395-401.

[13] Schaal, "Responsiveness to the odour of amiotic fluid in the human neonate", in *Biol. Neonate*, nº 67, 1995, pp. 397-406.

[14] B. de Boysson-Bardies, *Comment la parole vient aux enfants,* op. cit., p. 89.

[15] Humphrey, "Some correlations between the appearance of human foetal reflexes and the development of the nervous system", in *Progress in Brain Research*, nº 4, 1964, pp. 93-135.

"Fale com ele", dizia, "ele reconhece a sua voz, está provado hoje em dia, ele conhece seu odor, ponha as mãos na incubadora, ele a reconhecerá, as experiências são formais, está demonstrado cientificamente".

Aquela mãe escutava sem dizer nada; dócil, sorria à enfermeira. Alguns minutos mais tarde, encontrei-a na antecâmara após a visita que fizera a seu bebê. Estava se vestindo para ir embora. Eu lhe disse brincando: "Então, a senhora agora está a par dos últimos avanços científicos!".

Ela sorriu para mim e disse: "Fico realmente me perguntando por que os sábios perdem tanto tempo tentando demonstrar o que nossas avós sabem desde sempre!".

Este saber sobre os bebês, ela tinha razão de precisá-lo, é transmitido quando tudo se passa bem de mãe a filha. É um saber ligado ao investimento libidinal da mãe em seu filho. Não há necessidade de pesquisas experimentais para essas mães que de qualquer modo pensam que o filho é maravilhoso.

Freud explica isso ressaltando o lugar que o bebê ocupa para seus genitores: "A criança terá a vida melhor que seus pais, ela não estará submetida às necessidades que experimentamos como dominando a vida. Doença, morte, renúncia de gozo, restrições à sua própria vontade não valerão para a criança, as leis da natureza como as da sociedade pararão diante dela, ela será realmente de novo o centro e o coração da criação, *his majesty the baby*... O amor dos pais, tão tocante e no fundo tão infantil, não é nada senão o narcisismo deles que acaba de renascer[16]".

É esse narcisismo que vai ser colocado a dura prova quando os pais de um prematuro descobrirem na incubadora aquele pequeno corpo, ligado à vida pelos fios de um estranho aparelho. As leis da natureza não pararam para ele.

Ele está sofrendo? perguntam os pais aos médicos.

Se hoje em dia as experiências feitas com recém-nascidos arriscam transformá-los em potencial humano a ser explorado, o que pode por vezes evocar maus tratos à criança ou ao feto, elas têm ao menos o mérito de levar os médicos a ouvirem essa pergunta.

O bebê que nasce prematuramente, sabemos agora, não é um ser insensível ou tão imaturo que seu sistema sensorial não lhe permita sentir o mundo à sua volta.

---

[16] S. Freud, "Pour introduire le narcissisme", in *La Vie sexuelle*, trad. de J. Berger, J. Laplanche *et al.*, Paris, PUF, 1969, p. 96.

Eis o que complica consideravelmente o trabalho dos serviços de medicina. Não é mais possível pensar que o recém-nascido não sofre. É mesmo corrente ouvir dizer que ele sofre muito mais. Ele seria hipersensível, a imaturidade de seu equipamento neurobioquímico não permitindo ainda a instalação dos sistemas inibidores da dor.

Os médicos devem, por conseguinte, procurar analgésicos, métodos novos de anestesias que convenham ao pequeno peso de nascimento e à fragilidade dos bebês.

Era mais fácil há alguns anos, quando se intervinha nos lactentes sem anestesia, persuadidos de sua total insensibilidade à dor!

É claro, tratava-se ali do discurso dos médicos, não do das mães.

O desenvolvimento fisiológico e neuro-sensorial não deixa de ter vínculo, sabemos hoje, com o desenvolvimento psicológico do bebê.

A partir do momento em que essas descobertas se tornaram conhecidas, por volta da década de 1980, as unidades de tratamento intensivo não tiveram mais a consciência tranqüila. Que questões era preciso colocar? O bebê arriscava sofrer, por ser subestimulado ou excessivamente estimulado? Os pais deviam ser introduzidos na unidade por períodos mais longos? Pôr música para as crianças escutarem, massageá-las, mudá-las de posição, deitá-las em colchões d'água, implantar protocolos de sucção não-nutritiva, para estudar suas reações?

Notemos de passagem que nenhuma destas pesquisas bastante rigorosas questionou a simples possibilidade de que médicos e enfermeiros pudessem falar com os bebês simplesmente dirigindo-se a eles.

Por enquanto, contava apenas a estimulação sensorial do prematuro, como se ele estivesse aquém da linguagem.

A idéia era reproduzir ao máximo o meio intra-uterino para o bebê, isto é, fazer como se ele ainda não tivesse nascido. A incubadora substituía da melhor forma possível o ventre da mãe. Tentou-se até fazer com que os filhos escutassem os batimentos do coração da mãe, assim como a voz da mãe, através de uma tela d'água, para reproduzir o mais próximo possível os ruídos com os quais o bebê estava familiarizado. Só o som da voz importava, não se levavam em conta palavras recitadas pelas mães.

É interessante notar que o fantasma dos cientistas reencontra aqui o fantasma das mães. Fazer tudo como se esse bebê ainda não tivesse nascido. Trata-se de uma denegação. Essa criança afinal veio ao mundo, ela não está mais no ventre da mãe; as razões dessa chegada são múltiplas, mas o fato é que não se pode fazer como se nada tivesse acontecido. Eles estão bem aqui, talvez ainda mais vulneráveis que os bebês a termo. A experiência precoce determina o funcionamento e, hoje sabemos, pode inclusive determinar a anatomia de um sistema[17].

Atender um bebê extremamente prematuro é uma responsabilidade pesada. Hipersensível aos estímulos dolorosos e sem possibilidade de instalar um sistema de pára-excitação, essa criança está em suspenso entre a vida e a morte, como um funâmbulo que pode a qualquer instante perder o equilíbrio. Certamente não é fingindo, arrumando tudo para fazer como se ele ainda não tivesse nascido que poderemos ajudá-lo.

A prevenção é de outro nível.

"A existência de conseqüências neuropsíquicas é muito provável nos extremamente prematuros que devem passar por tratamentos intensivos, totalmente privados de pára-excitação, de continente tátil, de porte e de substância, e submetidos a super-estimulações às quais são hipersensíveis... a confirmação destas conseqüências e a elucidação de sua natureza não está por enquanto a nosso alcance[18]".

As equipes médicas estão, é claro, preocupadas com os riscos iatrogênicos desses tratamentos intensivos e se questionam quanto ao impacto de suas intervenções na evolução ulterior do lactente.

Foi para acalmar um pouco essa preocupação que apareceu a idéia do "fazer como se" o bebê não tivesse nascido, "fazer como se" tudo estivesse bem?

Para isso psicólogos entraram nos serviços para "observar" os lactentes e tranqüilizar a equipe terapêutica.

Mas o que há para ver? Um pequeno ser esquelético, pregado ao fundo de uma incubadora, espetado de sondas e de tubos, expressões de sofrimento a crispar regularmente os traços de seu rosto, mais parecido com o de um velho moribundo do que com o de um lactente.

Para além do caráter dificilmente sustentável da cena, o que deve ser observado? Podemos ver o que o bebê sente em seu corpo? Podemos ver partir-se

---

[17] J.-P. Changeux, A. Dachin, "Selective stabilization of developping synapses as a mechanism for the specification of neuronal networks", in *Nature*, nº 264, 1974, pp. 705-721.

[18] V. Granboulan, "Prise en charge psychique de l'extrême prématurité", in *Archives pédiatriques*, nº 2, Paris, 1995, pp. 473-480.

nele, dia após dia, o desejo de viver? O fantasma que se cria para a criança nessa situação nunca estará visível para um observador e no entanto é para este fantasma que deverá se dirigir nossa pesquisa.

Quando à equipe, que tranqüilização podemos lhe trazer? A sensação de ter feito o máximo tentando levar em conta a evolução psicológica futura do bebê? A ilusão de que observando a criança poderemos prevenir os problemas?

Numa unidade de tratamento intensivo, os bebês são observados permanentemente, e ainda bem, pois esta vigilância é indispensável para que sobrevivam. A cor da tez, a reatividade, o eletrocardiograma, o encefalograma, os médicos observam dia e noite, ao mínimo sinal de complicações eles intervêm e quase sempre estão em condições de salvar a vida da criança.

Por conseguinte, podemos compreender que eles aceitem de mais bom grado a colaboração de psicólogos que, da mesma forma, observam. Estes serão mais facilmente acolhidos na unidade do que outros; eles serão mais tranqüilizadores.

Pensamos entretanto que o lactente, por mais prematuro que seja, se necessita, para sua sobrevivência, ser observado pelos médicos, necessita também de que uma tentativa de entrada em contato com ele seja possível.

Com certeza precisa de que alguém possa olhar "alhures" e vir a seu encontro de outra forma.

Todos os humanos necessitam de comunicação. A extrema imaturidade não parece tornar impossível no pequeno homem o desejo de ser ouvido por outro.

"Todos os lactentes programados para iniciar um contato com as pessoas à sua volta (Brazelton, 1975) necessitam de respostas a suas tentativas de comunicação para se desenvolverem bem[19]".

O bebê prematuro com freqüência está tão doente que seu esforço de comunicação é muito difícil. Cabe à equipe tentar ir até ele e decifrar o menor de seus apelos para tentar responder a isso. Não se trata mais, por conseguinte, de observar do exterior, mas de aceitar estar preso na relação com a criança, de intervir, de deixar-se surpreender, de dar à criança outra coisa que a objetiva da câmera de um pesquisador neutro.

O bebê espera uma resposta em função daquilo que já sabe identificar.

---

[19] E. Freud, "Notes sur quelques aspects psychologiques des soins néo-nataux intensifs", in *Le Coq-Héron*, nº 89, Paris, 1984.

Referências, ele já as possuía no ventre da mãe. Através dela, já era também pensado. Winnicott descreve a instalação da "preocupação materna primária" nos últimos momentos da gravidez, estado particular que permite à mãe colocar-se no lugar do filho, identificar-se com ele e assumir o bebê antes que nasça, mas também após o nascimento, assim como os cuidados que ela lhe dará. "A mãe", precisa Winnicott, "compreende então as necessidades fundamentais de seu bebê como nenhum aparelho consegue fazer... O protótipo dos cuidados maternos é o *holding*... um lactente que conheceu um *holding* suficientemente bom não tem nada a ver com um lactente que disso não se beneficiou[20]".

Como a mãe pode viver essa preocupação materna primária que de hábito se instala naturalmente quando o filho se acha numa unidade de tratamento intensivo? O que acontecerá então com o *holding* para o bebê? A substituição pela equipe basta?

Winnicott precisa: "Os pediatras são capazes de se identificar com um lactente e de mantê-lo; esta capacidade identificatória talvez explique a atração das pessoas pela pediatria[21]".

Quando o *holding*, venha ele da mãe ou de qualquer outra pessoa que esteja atendendo a criança, é insuficiente, o bebê guarda por toda a sua vida algo dessa *primitive agony*, desse temor do desabamento.

Ele "é" na medida em que cuidam dele. "Os bebês são seres humanos desde o início, supondo que estejam dotados de um sistema eletrônico conveniente. (...) Se alguém ali está para reunir as experiências e juntá-las, para sentir e distinguir os sentimentos uns dos outros, para ser temeroso com conhecimento de causa e começar a organizar as defesas contra a dor psíquica, direi então que o lactente é[22]". O lactente, para assumir-se ele próprio, deve ser assumido por um outro; ele sozinho não pode ter a experiência de existir. Aquele que cuida do bebê deve transmitir-lhe não só a idéia de que ele é, mas a idéia de que ele será, a idéia daquilo que ele se tornará. É o projeto desejante para a criança que a torna viva, que a inicia naquilo que Françoise Dolto chamava "o passante se fazendo no pendor de seu sexo [*l'allant devenant dans le génie de son sexe*]".

---

[20] D. W. Winnicott, *Le Bebê et sa mère*, Paris, Payot, Science de l'homme, 1969, p. 59.

[21] Ibid., p. 60.

[22] Ibid., p. 62.

A existência da criança está indissociavelmente ligada à presença do Outro, seja a mãe ou a equipe terapêutica, que virá atendê-la, que estará para ela em posição de continente.

Para que a criança "seja", parece-nos com efeito que ela deva estar presa em múltiplas redes "de atenção" a seu respeito. Um certo tipo de comunicação, um modo de tocá-la, de responder a seu olhar, de endereçar-se a ela, enquanto humano endereçando-se a outro humano, habitado por seus afetos, pensamentos, desejos. É este endereçamento ao outro, capturado na linguagem, que nos parece estar, para além das palavras, operando para a criança. A questão de saber se a criança compreende ou não o sentido dessas palavras nos parece, com efeito, menos essencial. Cercamo-la, tocamo-la, falamos com ela e somos tocados por essa criança que se construirá na troca, contanto que nela suponhamos "sujeito". É freqüente notar que se falamos com um bebê de modo "superficial", artificial, sem estarmos naquilo que dizemos, mas porque acreditamos dever fazê-lo, se é a moda atual nos serviços de medicina, sabemos bem que a criança permanece surda a esta fala que, do outro, não viria como fala verdadeira. É de fato na ausência desse endereçamento que pode surgir para o bebê o desabamento. Um aparelho, veremos na história de Anna, por mais sofisticado que seja, nunca poderá "supor sujeito" na criança. É também esta possibilidade de endereçamento que me parece estar no cerne mesmo daquilo que Winnicott chama "a preocupação materna primária".

O lactente desprovido de todo conhecimento, "a ardósia virgem" de que falava Aristóteles, foi substituído por aquela criança competitiva, capaz de entrar em relação, de reconhecer sua língua materna, a voz da mãe ou do pai. Ela que está sempre, de modo extremo, a pedir palavras. Falar com um lactente não depende do trabalho dos observadores que, por definição e para não alterar a experiência, são obrigados a não intervir.

A orientação de nosso trabalho no serviço será ilustrada por alguns relatos, apresentados mais adiante, de histórias de crianças. Para viver é preciso inscrever-se numa fala, fala diferente para cada um em função de sua história. Esta fala tem que ser verdadeira. Está fora de questão fazer crer às crianças que elas ainda não nasceram. Está fora de questão negar seu sofrimento, todos os cuidados dolorosos que elas estão no direito de perceber como maus tratamentos.

Tampouco se trata de negar sua agressividade, nem a dos adultos que as cercam. Essas crianças, por menores que sejam, parecem extremamente sensíveis à verdade das coisas que lhe são ditas. Como se o reconhecimento do drama que estão vivendo lhes desse a coragem para superar as dificuldades.

Estamos bem longe do suave discurso que por vezes cerca os nascimentos mais dramáticos.

Quem se trata então de proteger?

Anne e Anna

Naquela manhã, reconheci imediatamente, ao entrar no serviço, a atmosfera das grandes urgências. Conhecemos bem esse ambiente particularmente pesado; ele está impregnado a um só tempo de uma extrema tensão e de uma grande calma. Nunca sentimento de pânico, nenhuma precipitação. Mais os minutos são preciosos e mais a equipe parece mergulhada no fora do tempo.

O medo está na troca de olhares, naquele domínio artificial; é como fabricado pela experiência que o sentimos.

Duas meninas tinham nascido com uma hora de intervalo. Seus nomes, Anne e Anna, eram quase idênticos, da mesma forma que as condições do nascimento das duas.

Anne, com 26 semanas e meia de gravidez, pesava 850 gramas. Anna, 820 gramas para um termo de 27 semanas. Enquanto a equipe debruçada sobre as incubadoras colocava os cateteres, entubava, ventilava, as duas mães esperavam em seus quartos na maternidade o veredicto dos médicos.

Lila, a mãe de Anne, dera entrada na maternidade por risco de parto prematuro, três dias antes do nascimento da criança. Os obstetras tinham tentado tudo para retardar o início do trabalho, mas as diferentes tentativas haviam fracassado e Anne tinha nascido por via baixa, após um trabalho que não deu problema algum. A mãe a havia visto no nascimento, mas a fragilidade da criança não permitiu que pudesse pegá-la; mal a avistara no que chamava "papel prateado", a manta aquecedora prateada na qual envolviam a menina para colocá-la na incubadora. Muito rápido, com gestos precisos e seguros, sem perderem tempo falando, enfermeiras a haviam levado para longe.

"Ela era tão pequena, tão frágil", confiou-me a mãe na primeira entrevista, "que eu não sabia se a veria de novo um dia". Na noite mesma do parto, Lila, cambaleante, mesmo assim tinha vindo ver a filha. Perto da incubadora, muito impressionada com a aparelhagem imponente, com os numerosos fios elétricos, os barulhos dos sensores e o apito do respirador, ela escutou as explicações da enfermeira mas recusou tocar no bebê e começou a chorar em silêncio. "Ela é muito pequena, não vai sobreviver. – Vai sim", respondera a enfermeira, "já vimos outros assim!".

Depois, houve a consulta com o médico responsável. Lila só lhe fez uma pergunta: "A minha filha vai viver?".

Responderam-lhe então: "Ela é muito pequena, parece por enquanto suportar bem seu estado e nossos cuidados, mas ainda é cedo demais para nos pronunciarmos, temos que esperar um mês, complicações são sempre possíveis, vamos mantê-la informada todos os dias de sua evolução".

Ela deixara o consultório do médico sem dizer nada, não veio ver a filha no dia seguinte e só se apresentou no serviço no fim do dia, na hora da consulta comigo no dia seguinte. Recebi-a em meu consultório. Começou a entrevista dizendo-me que não ousava pedir-me notícias de Anne. Tinha morrido? Não era melhor que morresse, de toda forma? Além disso, se não morresse, com certeza ficaria com seqüelas daquela reanimação. Pensava o tempo todo na morte da filha, "quanto mais cedo será melhor, não devo me apegar a ela".

Evidentemente, no serviço, quando falara assim, fizeram-na calar-se. "Não se deve dizer isso, não é bom". Mas bom para quem? Para o bebê, para a mãe ou para a equipe?

Como eu a deixava falar da morte de Anne, continuou: "Será mais simples para todo mundo e no entanto essa filha que eu estava carregando era minha única felicidade, minha única esperança, era ela quem me fazia viver".

Lila estava na França havia dois anos, era de origem argelina, vivia na casa da irmã e do cunhado, tendo fugido de uma família que ela julgava severa demais. Seus pais não tinham sabido nada de sua gravidez: "Eles me matariam se soubessem".

Sem documentos e em situação irregular, refugiada em Paris para fugir da autoridade de seu pai e para encontrar trabalho, Lila muito rápido encontrara um homem por quem se apaixonara perdidamente.

Belo, rico, inteligente, seu príncipe encantado anunciou-lhe que era casado e pai de família no dia em que, toda orgulhosa, ela lhe comunicou sua gravidez. Seu conto de fadas transformou-se em pesadelo quando ele lhe pediu que abortasse. "Não era possível", explica Lila, "em nossa família, as crianças são sagradas; quando estamos grávidas botamos as crianças no mundo e as criamos. Foi assim que fizeram minha mãe e minha avó, eu não podia ser uma mãe diferente".

Diante da recusa de Lila, o pai de Anne decidiu romper, mas Lila não voltou atrás em sua decisão. Ficou na casa da irmã onde, o ambiente se degradando cada vez mais, teve que fazer horas de faxina para dar dinheiro ao cunhado que ameaçava mandá-la de volta à Argélia. "Era duro", dizia ela, "e o trabalho era cansativo, mas eu queria lutar por meu bebê, meu futuro era ele; estávamos sós mas íamos nos safar juntos".

Observei-lhe que hoje sua filhinha lutava contra a morte, talvez graças àquela força que ela lhe havia dado no tempo em que estava em seu ventre. Lila pareceu sair de seu torpor e me disse: "Queria muito ir vê-la, mas os médicos parecem tão pessimistas que não ouso lhe dizer para continuar lutando".

Questiono: "O que você gostaria de lhe dizer?

– Para não se deixar levar, que ela é forte e vai sair desta.

– O que é que a impede de fazer isso?

– Tenho a impressão de que não é meu lugar, mas o dos especialistas, que não sou eu quem sabe, mas eles".

Digo a Lila que só ela sabia onde era seu lugar agora e o que ela tinha que dizer à filha. Ela podia autorizar-se, qualquer que fosse o diagnóstico deles, a escutá-la com um outro ouvido que os médicos e falar-lhe com outra voz; nada a obrigava a pensar como eles.

Saindo de meu consultório, ela entrou direto na unidade. Quando por minha vez penetrei na antecâmara, duas horas mais tarde, avistei-a sentada ao lado do bebê. Entreabri simplesmente a porta da incubadora e lhe disse: "Assim, ela poderá ouvi-la"; deixei-as sozinhas, ocupadas em sua conversa. Naquela noite, até o encerramento do serviço e em todos os outros dias, Lila conversou com Anne incansavelmente.

Algum tempo mais tarde, o bebê que só pesava 780 gramas, alimentada com J14, foi lentamente ganhando peso. Lila, por sua vez, começava a levar a vida dura das enfermeiras. Vinha todos os dias, ora exigente ora deprimida, revoltando-se sem cessar contra elas; dizia não suportá-las mais numa noite, ou então não suportar mais a filha no dia seguinte, achava-a feia demais e doente demais. Criticava as auxiliares, não suportava as trocas de plantão, tinha suas amigas e suas inimigas: aquelas que julgava boas demais para Anne, outras que julgava incompetentes. Às vezes rejeitava a filha, às vezes defendia-a contra o mundo do hospital que lhe parecia hostil, projetando, sobre a equipe esgotada, sua violência.

Com muita freqüência, pedia para me ver e a supervisora fazia-me voltar certos dias mais para as enfermeiras do que para ela, quando não agüentavam mais seus gritos, suas lágrimas e sua agressividade. É claro, o mais penoso para elas era quando aquela agressividade se voltava para a filha: "Parece que ela quer que a menina morra. Será que essa mãe ama mesmo a filha?".

Essa interrogação da equipe era incessante. Nesse mesmo tempo, Anne parecia menos presente, como que recolhida à sua dor, não buscava mais nossa presença, não respondia mais às nossas solicitações.

A equipe, constatando seu afastamento, questionava a agressividade da mãe. Para uma unidade de reanimação neonatal, a única maneira de amar é querer a qualquer preço que o bebê viva. Quando os pais "não acompanham", quando a angústia os faz duvidar, quando antecipam um luto que acham provável, médicos e enfermeiras são tentados a vivê-los como "maus". Maus pais que não amam os filhos, maus pacientes que se opõem aos cuidados, que não reconhecem os esforços da equipe terapêutica e que arriscam ao mesmo tempo questionar sua competência.

Dessas diferentes tensões, a criança parece ser o "receptor" e com freqüência constatamos que seu estado de saúde podia ser notavelmente afetado. Caberá então ao psicanalista trabalhar suficientemente com os pais, o bebê e a equipe para que a culpa, o ódio e mesmo o amor possam ser falados e reconhecidos; é a esse preço que a confiança mútua se restabelece.

De tanto falar com Lila e trabalhar com as enfermeiras, de tanto vigiar em Anne o mínimo sinal de sofrimento, a mais frágil tentativa de comunicação e de sublinhar que era possível lhe retornar uma resposta, o diálogo foi retomado entre Lila, Anne e a equipe.

Lila foi de certo modo atendida ao mesmo tempo que seu bebê. A equipe tinha que admitir o medo e a ambivalência daquela mãe, compreender que, apesar de seu sofrimento, ela podia não incomodá-los e tornar-se uma ajuda preciosa na evolução de Anne.

"Esta mãe está agarrada em nós", disse-me um dia uma enfermeira, "como a filha a nossas perfusões". Anne, por sua vez, ia cada vez melhor. Viva e tônica, tinha agora uma presença espantosa.

A menina mostrou com muita rapidez que reconhecia as diferentes pessoas da equipe e que se interessava por tudo. "Com ela", diziam as enfermeiras, "somos realmente obrigadas a falar".

"Se não estabelecermos contato antes de tocá-la", queixavam-se os médicos, "ela começa a berrar e torna qualquer exame impossível". Anne forçava o interesse e o respeito de todos. Quando, um pouco antes de seu 50º dia de vida, os médicos decidiram parar a ventilação, as dificuldades começaram. Apareceram naquele momento numerosas bradicardias, arritmias cardíacas e apnéias mais ou menos longas.

Assim que Anne caía em sono profundo demais, os sensores punham-se a apitar até desenhar apenas uma linha reta na tela. Muito rápido ela compreendeu que arriscava a vida dormindo; agarrada a nossos dedos horas inteiras, lutava contra o sono. O simples fato de ficarmos junto dela e de lhe falarmos, sem nenhuma manobra de reanimação, fazia subir novamente sua freqüência cardíaca. Anne sempre mobilizou alguém a seu lado. "É curioso", disse-me um dia um interno, "parece que ela substituiu o oxigênio pelas palavras que nos pede para lhe dizermos".

Era quando lhe falávamos que Anne suportava, parece, perder uma parte essencial de si mesma. Aquele aparelho, que levantava em ritmo regular seu tórax, bloqueava sua cabeça e a mantinha em vida, fazia parte de seu corpo.

Quando o arrancávamos, ficava privada de sensações que lhe permitissem construir-se. O aparelho afastado, ela sem dúvida ficava em pânico. Quando lhe explicávamos que talvez estivesse sofrendo com aquele furo perto da boca e que com certeza estava com medo, podíamos pensar que se constituía, para ela, um primeiro elemento de perda. O furo podia então existir de outra maneira; nossas falas, sem "tapá-lo novamente", o constituíam. O ritmo do ruído de nossas vozes não tinha a regularidade do ritmo do aparelho, mas era para Anne portador de desejo de viver.

Durante esse período, a mãe de novo perdeu pé. Vinha todos os dias regularmente, mas aterrorizava as enfermeiras com sua violência em relação a elas e pelo que pensavam ser violência em relação à filha. "Ela não agüenta mais, deixem-na morrer, ela não quer viver, é melhor que morra"; mas, na hora de partir, soprava ao ouvido de Anne: "Agüente esta noite, amanhã estarei aqui".

Novas entrevistas com a mãe e a diminuição das bradicardias trouxeram calma à equipe e a Lila, que disse um dia à supervisora: "Minha filha e eu, nós lhe devemos a vida".

Anne tinha dois meses e meio quando o pai se apresentou na unidade e pediu para vê-la. A mãe, que nunca deixara de chamá-lo, tinha conseguido enfim fazer com que a visse. Ele marcou consulta com o médico, depois comigo. Durante essa entrevista, disse-me que não tinha a intenção de mudar o que quer que fosse em sua vida atual, mas que o encontro com Anne o havia perturbado, ela agora fazia parte de seu universo. Voltou em seguida regularmente para lhe falar.

A história de Anne era difícil, mas estava bem ali. A mãe não escondia nada, através de suas raivas e de sua violência, da equipe ou da filha. Passava horas a contar sem parar sua infância difícil e a história de amor de que aquela criança era hoje o fruto. O pai também falava muito com Anne. Dizia que "ela lhe havia dado força para parar de fugir, a força para assumir o que ele chamava as errâncias de sua vida".

Anne estava bem "inscrita" para eles em suas respectivas histórias e também em sua história em comum. Para além do "trauma" de seu nascimento dramático, sua história podia ser falada.

Ela deixou a incubadora no 3º mês de vida, pesando 2 quilos. Desde esse dia, não deixou mais os braços da mãe. O pai vinha todas as semanas, seu primeiro sorriso aberto foi para ele. Lila morria de felicidade: "Se ela é tão sedutora quanto ele", dizia, "com certeza vai conseguir tê-lo consigo!".

Algumas semanas mais tarde, o pai pediu para reconhecer Anne e comprometeu-se com Lila a assegurar financeiramente sua educação e a proporcionar um lugar para as duas morarem. Quando Anne, com 140 dias de vida, deixou o serviço, estava acompanhada da mãe e do pai. As visitas regulares, para acompanhar sua evolução, desenrolaram-se normalmente. Ela parecia estar sempre contente de voltar e sorria para as enfermeiras que reconhecia a cada vez.

Hoje, quatro anos mais tarde, Anne é uma menina alegre e forte. Uma anotação ressalta no prontuário que ela chorou pela primeira vez na última visita de revisão. Não reconhecia mais ninguém e recusava os braços que lhe estendiam as enfermeiras de uniforme branco.

Ela realmente nos havia deixado, esquecido, estava agora inteiramente voltada para os pais e podíamos considerar nosso trabalho com ela terminado.

Na mesma época que Anne, tinha crescido no serviço uma outra menina que se chamava Anna. 820 gramas para um termo de 27 semanas, ela apresentava mais ou menos o mesmo desenvolvimento que Anne e não trazia problemas particulares.

Seu peso mais baixo foi registrado em 760 gramas e, igual a Anne, foi entubada, ventilada, perfundida.

Sua mãe, Lise, tinha chegado de urgência à maternidade após uma hemorragia grave. O parto já havia começado, estava fora de questão tentar o que quer que fosse e Anna nasceu por via baixa após um trabalho de uma hora e meia, que não trouxe problemas particulares.

Estas duas meninas de nomes quase idênticos, de história médica fortemente similar, tomaram rapidamente um lugar à parte na unidade. Antes de mais nada porque eram as menores, o que mobilizava muito a equipe, mas também porque a evolução delas era quase paralela no plano somático, o que quase nunca acontece em neonatologia. Mas a comparação terminava aí. Com efeito, se a história médica e as curvas de peso das duas eram sensivelmente paralelas, a história de menina e a maneira de estar no mundo eram completamente diferentes.

A mãe de Anna viera à nossa secretaria no dia seguinte ao nascimento pedindo para encontrar o médico responsável pela hospitalização. Após ter-lhe falado, tinha entrado para ver a filha, mas tanto o médico quanto as enfermeiras tinha ficado espantados com a pequena reação daquela mãe.

Obediente, tocara o bebê como lhe propunham. Bem educada, havia agradecido ao médico por todo o trabalho que tinha, sem fazer nenhuma pergunta a respeito da filha. Parecia estar em outro lugar. Talvez esteja muito angustiada ou deprimida, havia pensado a equipe que esperava com impaciência a consulta que ela teria comigo no dia seguinte para que eu os ajudasse a compreender aquela mãe.

Essa primeira consulta foi estranha. Depois que expliquei a Lise o trabalho da unidade e falei longamente de seu bebê, ela ficou silenciosa, como se tudo aquilo não lhe dissesse respeito. Sentada e resignada, parecia calma e disse não ter nenhuma pergunta a me fazer. Como eu lhe perguntasse se estava preocupada, respondeu-me: "Vamos ver, ela não é muito forte, não podemos saber o que vai acontecer". Depois, levantou-se e deixou meu consultório como fizera na véspera com o médico, sem me fazer nenhuma pergunta e esquecendo a foto polaróide de Anna que eu acabava de lhe dar.

Esse esquecimento, que só tomará sentido bem mais tarde, já nos havia questionado naquele momento.

Um dos costumes que instauramos no serviço é dar a cada mãe uma foto de seu bebê para que possa levá-la consigo para o quarto da maternidade. Da mesma forma, convidamos cada mãe a trazer para o bebê um objeto pessoal ou um brinquedo, ou ainda uma roupa, que deixamos junto da incubadora ou da cama da criança. As mães dizem ser muito apegadas a esse ritual de entrada, assim como ao outro ritual, que consiste em lhes propor, durante a primeira visita ao filho, explicar a este que não está abandonado, que o está confiando, para que seja cuidado, às enfermeiras cujo nome repete. Ela vai apanhar o filho de volta quando estiver curado para que venha viver em sua casa, junto dos pais, dos irmãos. Se esse ritual é importante para a criança, ele o é também para a mãe e para a equipe; todos nele se beneficiam do bom senso e da simbolização.

A mãe de Anna tinha recusado falar naqueles termos à filha: "Não adianta nada falar, ela não nos ouve, é melhor não dizer nada". Em seguida tinha ido embora toda doce e sorridente, deixando as enfermeiras desamparadas, como eu mesma havia ficado ao constatar que ela havia esquecido a foto, após tê-la olhado com um olhar distraído, no canto de meu consultório.

Na semana seguinte, o estado de Anna estava mais para o satisfatório, mas Lise preocupava muito o pessoal do hospital. Por que aquela mulher era tão distante? "É melhor não falar", dizia ela; ou ainda, a respeito da filha: "Ela não ouve". Mas quem não estava ouvindo? Que dificuldades tinha ela ou que resistências não podíamos ultrapassar que nos mantinham surdos àquele ponto?

Infringindo então a regra estabelecida, marco eu mesma uma consulta com a mãe, explicando-lhe que queria lhe falar.

Ela aceita sem nenhum problema. Dessa vez ainda, sou eu quem falo da dificuldade que temos de compreendê-la. Anna segue uma evolução normal e por enquanto não estamos preocupados com a menina, mas ela, por outro lado, nos preocupa; parece-nos triste, distante e tentar trabalhar com ela para favorecer os progressos de Anna nos parece muito complicado: será talvez culpa nossa?

Ela sorri: "Não, não, vocês não têm culpa nenhuma, toda a equipe é muito gentil, estou vendo bem que vocês fazem tudo o que podem pela criança".

Questiono-a ainda: "É engraçado, esta menina, a senhora fala dela como se não fosse sua?

– Sim", responde-me ela, "é verdade que não consigo me habituar a isso. Acabo de deixar a maternidade, tenho muito trabalho em casa, acho aliás que não vou mais poder vir. A senhora acha isso ruim?".

Como lhe digo que não estamos em posição de julgar o que quer que seja de seu comportamento, mas apenas de tentar ajudar ambas a melhor se compreenderem e se conhecerem, ela faz o seguinte relato:

Mãe já de duas meninas, Lise está casada há 4 anos. O marido tem um salário suficiente, ela não trabalha, fica em casa e cuida de Marie, 3 anos, e de Sophie, 9 meses. É muito trabalho e mais uma criança, agora, é realmente lhe pedir demais, ela não queria. Se ao menos tivesse sido um menino... mas uma terceira menina, isso não lhe parece realmente possível; ela não conseguia nem pensar num nome. "Anna" é idéia da obstetra durante o parto; ela dizia, o tempo todo, "é de fato uma grande família" e Lise não ousava lhe dizer a que ponto não tinha a mesma opinião. Ela mesma era a mais velha de uma família de oito filhos. Havia tomado consciência da gravidez no último mês. Durante uma consulta com o clínico, como se espantasse por não recuperar a linha após o parto de Sophie, queria fazer algumas sessões de fisioterapia para perder aquela barriga redonda. A idéia de que poderia ter ficado grávida não lhe passara pela cabeça; ela sempre ouvira dizer que nunca se podia ficar grávida quando se amamentava uma criança e ela ainda amamentava Sophie.

O clínico prescreveu uma ultra-sonografia e foi aí que ela ficou sabendo que estava esperando uma terceira menina. Decidiu, algum tempo depois, com o marido, entregar-se a uma mulher que dizia saber praticar abortos tardios.

Foi o pânico da hemorragia provocada pelas manobras daquela "fazedora de anjinhos" que a levou ao hospital, onde não pensava dar à luz uma criança viva. Quando a obstetra lhe disse que a menina era pequena, mas que estava viva, ela compreendeu que era a fatalidade. "Agora", disse-me, "ela aí está, é assim, não há mais nada a fazer, vamos ver".

Sua mãe a pusera no mundo quando tinha 15 anos. Ela nunca conhecera o pai. A mãe, que se casara aos 22 anos, a havia criado sozinha até então. Ela falava da mãe como uma mulher exemplar, corajosa, que sacrificara a vida pelos filhos. Do padrasto, falava muito pouco, a não ser para dizer que tivera medo dele durante toda a infância. Da natureza desse medo não fala nunca, da mesma forma que sua mãe não falara de seu pai de nascimento. Só adolescente é que ela diz ter-se feito perguntas. Não conhecia ninguém da família da mãe, nem mesmo seu nome de solteira, que ela havia usado durante 7 anos, depois esquecido, e que redescobriu por acaso na certidão de nascimento. Não sabia de que cidadezinha vinha a mãe, nem de que meio era oriunda. Esta fugira, grávida de Lise, e nunca mais falara de sua vida a partir daquele momento.

Lise pôs-se a chorar murmurando que tudo a levava a crer que tinha nascido de um incesto: o pai de sua mãe? O irmão talvez? A mãe, hoje falecida, havia levado esse segredo para o túmulo. Nada jamais lhe foi dito de sua história. Ela ainda hoje não compreendia por que a mãe não havia abortado aos 15 anos.

O que foi terrível, confiou-me, é que, no momento do nascimento de Anna, ela tivera a convicção de que ela mesma, Lise, tinha nascido nas mesmas condições, isto é, após um aborto tardio fracassado. Fora no traumatismo desse nascimento e dessa repetição que Anna viera ao mundo.

Anna, nas semanas que se seguiram, teve alguns problemas de alimentação. Foi alimentada por via venosa até o 45º dia de vida, mas apesar de tudo a curva de peso era regular. Era muito calma, dormia muito, parecia tranqüila e resignada. Lise vinha vê-la mais ou menos duas vezes por semana, nunca ficava mais de dez minutos. Estava sorridente, mas continuava a não fazer pergunta alguma e não falava com Anna.

Durante esse tempo, a mãe de Anne, com suas raivas e sua angústia, mobilizava todo o serviço. Lise, em compensação, mostrava-se apagada, não criava nenhum problema e não pedia nada a ninguém. Nunca disse, como Lila, que desejaria a morte da filha, não marcou consulta comigo e a equipe não me falou mais dela.

Não falávamos mais sobre isso e eu notava então que se tornava cada vez mais difícil conversar com Anna.

Sua atitude parecia estar em espelho com a da mãe; ela não incomodava a equipe. Era dócil, não pedia nada. Quando ia vê-la, constatava que respondia muito pouco à minha presença. Ainda ventilada, passava horas a olhar fixamente para a esquerda, um ponto, talvez um reflexo na conexão de ventilação? Ficava cada vez mais difícil chamar sua atenção.

Estamos sempre muito atentos quando as crianças ventiladas se põem, após alguns dias, a fixar um ponto preciso de um aparelho ao qual parecem estar agarradas, como náufragos numa bóia de salvamento. Essas crianças doentes tentam provavelmente recuperar-se, recobrar-se agarrando-se a um ponto exterior para lutar, talvez, contra o despedaçamento provocado pela dor e pelo pânico.

O tipo de trabalho que podemos então fazer com elas evoca as curas das crianças autistas, o pânico do vazio, o não-eu, o buraco negro de que fala Frances Tustin.

De que defecção da mecânica pulsional se trata?

Esses recém-nascidos nos ensinam como essa mecânica, justamente se for apenas mecânica, isto é, ligada a um aparelho, não pode se instalar. Longas horas passadas com essas crianças, a falar-lhes mais e mais de sua história, dos cuidados a que estão sendo submetidas, de seus pais, permitem por vezes que voltem ao mundo. Palavras e ainda palavras, uma "música de palavras" escrita por uma "pluma de voz", que permitiria que se construíssem, que lhes daria o continente que lhes falta.

Mas o que entendem elas das palavras? Apreendem-lhes o sentido? Ou antes a intenção ou o afeto?

O fato é que a elas se agarram, que seu olhar volta-se então para nós e não é raro constatar que a PO2[23] aumenta.

Saímos dessas sessões esgotados, esvaziados, num estado próximo daquele em que nos encontramos ao fim de certas sessões com crianças autistas.

Somente quando o contato foi estabelecido, o bebê de volta entre nós, é que tentamos decodificar cada um de seus sinais como sendo tentativas de comunicação. O essencial de nosso trabalho será, por conseguinte, permitir aos pais e mais particularmente às mães autorizarem-se a reconhecer elas mesmas os apelos dessa criança e a eles responderem à sua maneira.

Nada desse trabalho pôde ser efetuado com Lise. Trabalhamos sozinhas com Anna, a mãe fugindo sistematicamente assim que um de nós se aproximava dela ou da incubadora.

Por volta do 50º dia de vida, os médicos pensaram que Anna, igual a Anne, era capaz de respirar sozinha.

Nessa época, a mãe vinha apenas uma vez por semana; portanto, foi sem que ela estivesse presente que desligamos o aparelho. Mas Anna era incapaz de respirar sozinha e, a cada vez, era preciso ligar tudo novamente. Quando, numa manhã, chego ao serviço, anunciam-me que Anna enfim está desmamada!

Encontramos uma solução: ela agüenta ficar sem oxigênio contanto que deixemos ligado ao lado dela o *barulho* do aparelho. Anna está dessa vez agarrada ao barulho do aparelho, da mesma forma que Anne está ao mesmo tempo agarrada a nossa presença, a nossas falas e às palavras pronunciadas por sua mãe. Mas trata-se de uma música bem diferente! Uma música de aparelho que não podia supor sujeito em Anna. Se o aparelho se tornasse a única possibilidade de identificação para ela, como vemos com freqüência nos autistas, nada poderia veicular desejo. Este desejo impossível nos remete à recusa de desejar essa criança pela mãe? Ou antes, o que nos parece mais provável, à infância da mãe quando o impossível de inscrever a história deixara sem funcionar desejo e filiação.

A solução "milagre", trazida pelo aparelho, questionou-me enormemente e eu propunha à equipe uma reunião de síntese para falar de Anna. Pedia-lhes então um esforço suplementar para tentar ver essa mãe de outra maneira, para conversar com as duas, para humanizar Anna "e dar-lhe vontade de viver de outra maneira, sem aparelho interposto".

---

[23] Oxigenação avaliada por captador transcutâneo.

Após essa reunião, a equipe, muito motivada, mobilizou-se ainda um pouco mais em torno de Anna, mas fracassou mais uma vez no trabalho com a mãe.

Tanto Anna, bela e fácil, gratificava os membros da equipe, tanto a mãe os desestimulava e lhes dava sensação de fracasso. Fui pouco a pouco entendendo que haviam renunciado a trabalhar com ela. De novo marquei uma consulta com Lise, mas ela não veio. Não veio tampouco nas três consultas que se seguiram. O médico-chefe, preocupado também, pediu para ver o pai.

Este só viera uma única vez, quando Anna tinha duas semanas, mas não entrara na unidade. Ficara no corredor, por trás da vidraça. "Não tenho tempo", dizia, "minhas duas filhas me esperam".

Viera consultar com o chefe de serviço. Ali ainda, como a mulher, mostrara-se resignado e cortês. Não tinha nada a dizer, agradeceu a todos pelo interesse por Anna e confirmou que tudo ia bem, que a família estava pronta para receber o bebê em casa.

Na consulta comigo, não viera.

Bem rápido, Anna se tornara o bebê "queridinho" da unidade. Comportada e calma, muito menos caprichosa que Anne, conforme a expressão das auxiliares de enfermagem, tornava a vida fácil. Quando passa para o leito com 2,100 kg, na ausência da mãe, as enfermeiras brigam pela possibilidade de carregá-la no colo.

Gosta que brinquem com ela, mas, se a colocam no leito, adormece imediatamente, é tranqüila e apegada. Rapidamente o "bom gênio" de Anna lhe permite vir no *baby-relax* até a lanchonete do pessoal. "Nunca hesitamos em pegá-la porque nunca reclama se de repente temos trabalho e somos obrigadas a deitá-la novamente", dizem as auxiliares de enfermagem. O médico-chefe, que desaprova estas marcas de "preferência", pede que não façam diferença entre Anna e os outros. Mas não adianta, "Anna está sempre só", dizem as auxiliares de enfermagem, "ela precisa de companhia".

Quando tento explicar à equipe que ela vai perder essa companhia, que o laço com sua família não deveria ser anulado pelo nosso zelo, não me ouvem; Anna está muito investida e a mãe esquecida demais para que nossas injunções ou nossos avisos modifiquem a transferência da equipe com esse bebê.

Antes da saída de Anna, preocupados, notificamos a P.M.I.* a fim de que uma puericultora visitasse seu domicílio quando ela voltasse para casa.

---

* *Protection Maternelle et Infantile* [Proteção materna e infantil]. (NT)

Ela tem 120 dias de idade quando volta para casa. É a mãe que vem buscá-la.

Ali ainda, um ritual de saída é tradicionalmente usado: as enfermeiras se dispõem a vir de uma em uma se despedir do bebê, outras fotos são tiradas, o médico recebe uma última vez os pais; referências simbólicas que permitem à criança e à sua família não apagar aquela passagem de sua vida, mas, a partir dali, construir integrando-a à sua história.

Mas, ainda dessa vez, a mãe recusa, não tem tempo, não é possível, da mesma forma que não fora possível o ritual de entrada. Lise está apressada demais, as duas filhas a esperam. Um interno comentava comigo, pouco antes da saída, que Lise nunca dizia minhas três filhas, mas sempre minhas duas filhas. O que acontecia de fato com o lugar dessa terceira?

O último relatório médico antes da saída estipula, como para Anne, que a criança está em perfeita saúde, nenhuma seqüela visível da reanimação.

O exame clínico é satisfatório, Anna é uma menina tônica e forte que fixa o olhar e reconhece claramente as pessoas à sua volta.

Como para Anne, a unidade de neonatologia pode ficar satisfeita com o trabalho efetuado.

Dez dias mais tarde, o S.A.M.U.* do 93º Departamento volta ao hospital trazendo o corpo de Anna, falecida de morte súbita durante a noite.

A autópsia confirmará que de fato se trata de uma morte inexplicada.

Grégoire: *a implacável repetição*

Ao dar entrada no serviço por sofrimento fetal agudo e prematuridade, Grégoire, nascido em estado de morte aparente na 31ª semana de gravidez, pesava 1,850 kg.

Talvez já tivesse sofrido antes do nascimento e as primeiras ultra-sonografias cerebrais preocuparam os médicos, que temiam seqüelas e provavelmente um risco de retardamento.

A mãe fora prevenida no nascimento sobre o estado crítico do bebê.

Durante a primeira entrevista, explicou-me que estava certa de que o filho ia morrer. Os médicos haviam evocado riscos de retardamento, mas não tinham

* *Service d'Assistance Médicale d'Urgence* [Serviço de assistência médica de urgência]. (NT)

em momento algum dito à mãe que seu bebê não sobreviveria e ela, no entanto, estava certa disso.

É esta certeza das mães, este saber diferente do saber dos médicos que volta em muitas histórias de crianças. Aquela mãe sabia que só podia perder Grégoire.

Ela desejara ficar grávida de um homem encontrado pouco antes e por quem se apaixonara. Mas o homem não queria saber dela. Ela esperava convencê-lo a se casar ao anunciar-lhe o nascimento de um filho. O resultado não comprovou isso. Ele não só continuava a rejeitá-la, mas agora, dizia ela, com um filho com problemas, estava de fato “perdido”: ele não queria mais ver nem a mãe nem o bebê.

Contou-me também como, alguns meses após seu nascimento, sua própria mãe deixara a casa para não mais voltar. O pai confiou-a então a uma prima na casa de quem crescera sem nunca ter-se sentido aceita. Aquela mãe de substituição não queria mais ficar com ela. Com a idade de 15 anos foi colocada num orfanato.

E, agora, aquele homem que ela amava não queria mais saber dela de novo.

Em seu enredo fantasmático, seu filho não podia viver. Impossível para essa mãe pensar que uma relação de desejo e de amor se instalasse uma vez que ela mesma nunca havia sido amada. Essa ferida narcísica se repete com o filho. Essa criança assinala a perda da qual a mãe não pode se desfazer. Ela não foi objeto de um outro, ela pode apenas ser, por sua vez, privada de objeto.

“Pré-ciência, reconstrução, não é antes reconhecimento por essas mães, nesse alhures representado pelo corpo do filho, de uma verdade fundamental ligada ao desejo e ao sexo feminino que restitui à clássica equivalência filho = pênis seu estatuto de logro? O filho, representante para elas de um impossível a ter, de uma diferença radical, real, não simbolizável, seria como tal fadado à morte. O corpo do filho entrando em cena como pedaço de real, ali onde o significante falta, seria tomado como tal na pulsão de morte[24]”.

O filho como objeto pode apenas estar perdido, ele presentifica no fantasma materno o objeto *a* – a um só tempo logro e objeto perdido.

A falta que a mãe de Grégoire não pôde preencher para sua própria mãe não será hoje preenchida por seu filho. Apesar dos prognósticos dos médicos que não achavam que a vida do filho estivesse em perigo, a mãe está absolutamente certa de sua morte.

---

[24] G. Raimbault, *Clinique du réel*, Paris, Seuil, 1982, p. 173.

Algumas semanas depois, o estado do menino se agravou: ele agora sofria de hidrocefalia e devia ser operado para que se instalasse uma derivação. O bebê suportou a cirurgia e os dias que se seguiram deram novamente esperanças à equipe. A mãe, por sua vez, continuava a predizer que o filho não sobreviveria.

"De qualquer modo", dizia, "está acima de minhas forças cuidar dele; se escapar desta, será colocado numa instituição ao sair do serviço".

Na unidade, as enfermeiras se preocupavam com o retraimento do menino em si mesmo. Ele reagia cada vez menos a nossas solicitações e parecia afastar-se cada dia um pouco mais.

Numa noite em que fiquei até tarde, eu havia tentado, na calma da noite, conversar de novo com ele. Mas Grégoire já parecia longe demais, seu estado se agravara nos últimos dias e a equipe acabara por concordar com o prognóstico da mãe. Aquela criança com certeza não iria sobreviver?

Naquela noite, eu disse a Grégoire tudo o que pude lhe dizer. Falei-lhe novamente da mãe, de sua história, do desejo que todo o serviço tinha de que ele vivesse. Mas será que me ouvia? Que peso podiam ter aquelas palavras bobas e bem pensantes diante da implacável repetição na qual ele se achava preso? Quando entendi o discurso defensivo no qual me deixara deslizar, quando lhe falei de outro jeito, o mais próximo possível da verdade daquilo que ele estava vivendo, quando pude lhe dizer que ele me parecia esgotado por ter de enfrentar, hora após hora, sofrimento e solidão, ele aceitou me olhar.

Ele podia não querer mais viver, mas, capturado em sua história, tinha ele escolha?

Ficamos muito tempo juntos naquela noite. Quando o deixei, sei que uma enfermeira veio para junto dele passar o resto da noite a lhe falar.

De manhã cedo, Grégoire havia nos deixado.

Lucas:
"a mil milhas de toda terra habitada"

Lucas era um menino prematuro nascido de mãe H.I.V. positivo e de pai desconhecido. Desconhecido, em todo caso, para o hospital onde sua mãe viera dar à luz. Após a primeira semana de hospitalização, as enfermeiras mostraram-me aquela criança que lhes parecia distante, ausente e com a qual não conseguiam entrar em contato.

Quando fui para junto da incubadora pela primeira vez, ainda não havia recebido a mãe. Ela só deveria vir uma semana mais tarde à consulta que a supervisora marcara para ela. Portanto, eu não sabia nada de sua história, a não ser da prematuridade e da soropositividade da mãe. Como para todos os recém-nascidos de mãe H.I.V. positivo, devíamos aguardar para saber o que iria acontecer com o filho.

Lucas em sua incubadora gemia suavemente, seu rosto parecia refletir um grande sofrimento. Os médicos não pensavam que ele pudesse sofrer, em todo caso não fisicamente. Não estava ventilado e respirava normalmente. Seu ritmo cardíaco era regular. Nenhuma complicação se declarara desde sua admissão entre nós. Não tinha refluxo, digeria bem. De que podia então sofrer?

Quando ficamos sabendo que a mãe era toxicômana há muitos anos, pensamos que ele talvez sofresse de um estado de abstinência. Mas, paradoxalmente, não parecia agitado, nem hiperexcitável. O que era surpreendente para toda a equipe era constatar que aquele bebê tão pequeno, tão imaturo, nos mostrava simplesmente o quanto era infeliz.

"Não acredito que ele esteja realmente sofrendo, acho apenas que é triste. Parece-lhe maluco pensar uma coisa assim de uma criança tão pequena?" disse-me um interno.

Aquilo não me parecia maluco, tampouco parecia impossível às enfermeiras que, habituadas a trabalhar comigo há todos aqueles anos, sabiam bem reconhecer a diferença entre o sofrimento do corpo e aquele do pequeno homem infeliz.

No dia de nosso primeiro encontro, passei junto de Lucas muito tempo a lhe falar da perturbação da equipe, que não sabia mais o que fazer para aliviar sua dor, a lhe falar de nosso desejo de que se curasse, da consulta que fora marcada com sua mãe para que juntas falássemos dele... Palavras mais palavras, ondas de falas de que eu não sabia o que ele podia compreender, mas que eu esperava serem talvez capazes de trazê-lo de volta à margem.

Lucas parecia cada vez mais distante, sentíamos que se afastava de nós. Distante, a "mil milhas de toda terra habitada". Esta frase de Saint-Exupéry atravessava minha mente enquanto tentava entrar em contato com ele, colocar minha mão em suas costas, acalentar aquele pequeno ser humano inconsolável.

Deixei-o naquele dia dizendo-lhe que compreendíamos que estava infeliz, mas que não sabíamos realmente como vir em sua ajuda.

Dois dias mais tarde, a equipe informou-me que Lucas não gemia mais, mas que parecia agora ficar com tanta raiva a ponto de acionar os visores e provocar o choro dos outros bebês à sua volta.

De volta junto dele, pude assistir à maneira como era agora inteiramente capaz de berrar seu descontentamento. Não queria que se aproximassem dele, os cuidados eram difíceis e o que alarmava a equipe era aquela maneira que ele tinha de sistematicamente evitar nosso olhar quando tentávamos entrar em contato com ele, de pôr-se a chorar quando lhe falávamos. Certos bebês em desamparo manifestam sua recusa de contato conosco ficando bem vermelhos de raiva. Põem-se então a "empurrar" com violência como se quisessem expulsar do corpo aquelas palavras que acabam de lhes dizer à força e que, naquele momento preciso de sua hospitalização, não querem absolutamente ouvir. Falar a qualquer preço à criança nem sempre é desejável, mas é preciso estar à escuta de sua vontade de comunicação. Ela já conheceu o oxigênio à força, a comida à força, o sangue à força; devemos também forçá-la à amabilidade?

As reuniões de síntese nos levaram a entender que Lucas parecia, apesar de tudo, ir cada vez melhor. Foi preciso fazer com que a equipe admitisse que aquele bebê talvez não a estivesse rejeitando, que se defendia para tentar viver e que sua raiva talvez não estivesse diretamente ligada à sua presença entre nós. Desculpabilizar as enfermeiras fez com que pudessem ouvir os gritos de Lucas com outro ouvido e não se sentissem rejeitadas, o que as teria levado, por sua vez, a rejeitá-lo.

Eu não pensava que as raivas daquele menino fossem o sinal de um agravamento de seu estado psíquico, mas a luta dele, que era preciso entender como uma esperança de escapar daquilo tudo. Ele evitava nosso olhar, mas com certeza era porque nosso olhar já não lhe era indiferente. Nada a ver com o vazio que nos invade quando certas crianças em desamparo nos olham sem nos ver. Graças a suas raivas, Lucas lentamente retomava vida.

A equipe, cada vez mais intrigada com a diferença entre seu estado de saúde, que melhorava, e seu estado psicológico, que se agravava, decidiu considerá-lo de outro jeito: não procurar fazê-lo sistematicamente calar com uma chupeta ou prescrevendo um medicamento, mas tentar captar sua atenção com palavras, brinquedos, música.

No dia da consulta em que a mãe devia vir, um fax nos informou que, mal saíra da maternidade, ela fora presa após um roubo para conseguir drogas. Tivemos então que dizer a Lucas que sua mãe não viria nas horas de visita.

Na mesma época, nosso espanto foi grande ao constatarmos que lentamente as raivas se atenuavam. O único momento difícil continuava a ser aquele das mamadeiras, em que ele recusava o bico, enrijecia, berrava. As enfermeiras precisaram de uma paciência extraordinária para lentamente trazerem Lucas para nosso mundo. Suavemente, dia após dia, de tanto lhe falar, acalentá-lo, tentar entrar em contato com ele, ele voltou para nós.

Com dois meses, era um bebê que nos olhava nos olhos e começava a sorrir. Com quatro meses, seu desenvolvimento era inteiramente satisfatório.

A mãe veio visitá-lo, acompanhada pelo pessoal da prisão, quatro vezes. Era presente e muito terna com seu bebê. Entre uma visita e outra, escrevia toda semana um cartão postal ao filho que tínhamos o cuidado de ler e reler várias vezes.

Aos oito meses de vida, como a mãe continuava na prisão, Lucas nos deixou para ir para o berçário; era uma criança alegre e esperta. Um acompanhamento médico era evidentemente necessário, mas, do ponto de vista de seu desenvolvimento psíquico, ele parecia ter reencontrado a disposição e o dinamismo de uma criança da sua idade.

Marie:
a menina que não gostava de contos de fadas

Léa, Clémence, Marie nascera numa manhã de inverno de uma mãe de 19 anos. Era a termo e tinha boa saúde.

A mãe, de origem árabe, viera ao hospital para dar à luz no anonimato. Conseguira esconder a gravidez da família. A assistente social da maternidade, que havia feito o prontuário, tinha como sempre precisado que ela tinha dois meses para mudar de opinião. Mas a mãe de Marie explicou que não voltaria atrás em sua decisão. Como não queria dar nome à filha, os prenomes* foram, então, escolhidos pela obstetra. Ela não queria conhecer o sexo da criança e sua preocupação principal era que os pais, na casa de quem vivia, não pudessem de modo algum ficar sabendo. Foi feito como havia desejado. Não lhe pusemos o bebê nos braços no nascimento, Marie foi levada, sem ter tido contato algum com sua mãe biológica, para o berçário. A Senhora X havia precisado que co-

* Na França, as pessoas recebem em geral três prenomes. (NT)

nhecera o pai de Marie numa única noite; ele não sabia que ela engravidara, aliás ela nunca mais o vira.

Nos dois primeiros dias, a criança não teve problemas e depois, brutalmente, começou a vomitar as mamadeiras, a recusar-se a beber. Foi transferida para nosso serviço quando já havia perdido 12% de seu peso de nascimento. Por outro lado, não era mais tão reativa quanto ao nascer e seu rosto parecia refletir uma grande tristeza.

Num primeiro tempo, os médicos se debruçaram sobre o caso, mas, após alguns dias, era forçoso constatar que aquela menina não estava doente. Ela estava se deixando morrer suavemente sem que nenhum diagnóstico pudesse vir dar uma causa para seus sintomas.

O primeiro contato que tentei estabelecer com Marie foi inteiramente infrutífero. Era um belo bebê de oito dias e já desviava o olhar, fugia ao contato, jogava a cabeça para trás, enrijecia quando tentávamos pegá-la no colo. Aquele bebê parecia viver um grande sofrimento e, no entanto, ali ainda, os médicos estavam persuadidos de que seu corpo não podia fazê-la sofrer.

Eu queria então saber o que havia acontecido na maternidade nos dois dias que se seguiram ao nascimento. Explicaram-me que nada se passara, nada de diferente dos partos sob anonimato.

A recomendação é sempre a mesma: falamos à criança de sua mãe biológica e de seu pai biológico, explicamos a ela que eles não podem cuidar dela e que uma mãe que espera um filho virá buscá-la. Dizemos, sempre mostrando o máximo de otimismo, que ela vai ter uma bela vida, que será feliz graças a sua mãe de nascimento que aceita confiá-la a pais que terão a possibilidade de cuidar dela.

Tínhamos lhe dito tudo como num livro, mas, no caso de Marie, aquela versão dos fatos não lhe conviera, já que se retirara do mundo, fugindo do contato com os outros a ponto de esquecer de tomar suas mamadeiras.

Meu primeiro encontro com Marie foi difícil; vinha-me até a idéia de que ela tinha uma indigestão de palavras, que não queria mais ouvir aquela história de conto de fadas. Parecia-me que vomitava as explicações razoáveis e lenientes, as explicações que falam apenas de amor materno e de amanhãs que cantam. Ao pegar Marie no colo, verdadeira bolinha de raiva berrante, tive a certeza de que ela estava esperando um discurso bem diferente.

A cada encontro com ela, eu decidia então lhe falar da violência daquela separação, do horror e do sofrimento no qual ela tinha sido bruscamente jogada, daquela mãe que não queria saber dela, da língua que ela ouvia na barriga da mãe e que havia perdido, do ritmo do corpo de sua mãe que ela não reencontraria jamais.

Pouco a pouco, dia após dia, Marie começou a sossegar, aceitou me olhar, descansar um pouco no colo das enfermeiras que não queriam outra coisa a não ser mimá-la. Ela podia decidir viver ou morrer, mas, se quisesse aceitar o acolhimento que podíamos dar e que continuava sem dúvida a ser, por enquanto, um triste consolo, ali estaríamos para ela, nós e outras pessoas, porque estávamos num mundo onde não se deixavam sós as crianças abandonadas.

O que compreendeu Marie de meu discurso? O sentido das palavras, a entonação da voz? O afeto, ou ainda o contato físico que sempre estabeleço com um bebê com quem converso? Não posso responder a estas perguntas, mas o fato é que ela foi dia a dia se acalmando, retomou uma alimentação normal e aceitou a maternagem das enfermeiras.

Houve ainda alguns momentos difíceis, quando a ama que devia acolhê-la durante os dois meses antes de sua adoção veio ao serviço. De novo a equipe lhe explicou que não se tratava de sua mãe biológica e que talvez fosse normal que não quisesse aceitá-la no primeiro dia e tudo pareceu voltar à ordem.

Quando deixou o serviço, levando consigo o livro que conta, como a cada vez, a história de sua passagem na unidade, ela levou consigo seu mistério e deixou, mais uma vez, toda a equipe espantada e perplexa quanto ao que se passara com ela naquele encontro conosco.

Capítulo 4

O trabalho com os pais

"Tia, converse comigo, estou com medo porque está muito escuro". A tia lhe respondeu: "De que lhe servirá isso, já que você não pode me ver?", "Não faz mal, respondeu a criança, contanto que alguém fale, fica claro."

Sigmund Freud

O encontro fracassado

Quase sempre é a violência que preside ao nascimento de uma criança prematura.

Uma decisão médica é tomada de urgência para salvar a vida da mãe e a do bebê. Ou então se trata ainda de um parto provocado brutalmente, sem que nenhuma prescrição possa controlá-lo, que perturba todos os projetos, todas as antecipações sonhadas pelos pais prevendo esse dia calmo e sereno que deveria ser a vinda de seu filho ao mundo. Este filho, nascido no pânico e no imprevisto, lhes é bruscamente arrancado pelos médicos.

Após esses atos de violência, intervém a violência das palavras: "Não sabemos se ele vai viver, complicações são sempre possíveis, não poderemos nos pronunciar antes de um mês".

O bebê infinitamente pequeno e frágil ali está, amarrado em sua incubadora. Mas a mãe, quase sempre, não falta ao encontro. Prematuramente mãe, acha-se impedida, vivendo aquele nascimento como um traumatismo sem nome. Este inominável é encontrado ainda na impossibilidade mesma de dar um prenome à criança, que permanece por vezes vários dias, no serviço de neonatologia, inscrita sob o número de sua incubadora.

Essa interrupção brutal da gravidez dá à mãe um sentimento de irrealidade.

Esse filho é realmente seu? Saiu de seu ventre? Quando vem pela primeira vez encontrar o bebê na unidade de tratamento intensivo, está quase sempre distante, ausente e queixa-se desse sentimento de irrealidade. Algumas dizem até ainda sentir o filho na barriga.

Os últimos meses da gravidez, quando o ventre está bem redondo, quando se vê o bebê, quando a mãe o sente mexer e aprende a conhecê-lo, são momentos extremamente importantes para a construção da criança, mas também para a construção da mãe.

O parto prematuro ocorre no momento em que a mulher mal começava a sentir os movimentos de seu bebê. Ela estava começando a ser reconhecida pelas pessoas mais próximas como uma mulher grávida, como uma futura mamãe.

Esse tempo de elaboração indispensável permite à criança "tomar corpo" não só no ventre da mãe, mas também em seu fantasma.

Preparar o enxoval fabrica, para além da roupa, os braços, as pernas, a imagem do corpo do bebê na cabeça da mãe. Instalar a cama, preparar seu espaço lhe permite começar a conceber uma representação de seu filho.

Esses últimos meses deixam-lhe o tempo de imaginar. Ele dá pontapés: será jogador de futebol. Ele se acalma quando escuta música ou quando lêem poemas: será tranqüilo e contemplativo, talvez romântico, conforme o estilo da música que parece apreciar. Ao mesmo tempo que a mãe aprende a sonhar seu filho, a conhecê-lo, a sociedade a reconhece como mãe. Ela adquire um estatuto particular, sente-se forte e importante. Françoise Dolto ressalta em *La Sexualité féminine* [A sexualidade feminina]: "A fertilidade sendo sentida como condicionada pelo falo, a mãe genitora torna-se para si mesma, como para os outros, a imagem do falo autóctone, não só na época da gestação, mas ainda na época da amamentação, antes de a criança atingir uma mobilidade expressiva de seu corpo em relação ao mundo à sua volta[1]".

Essa imagem da mãe destruída pelo parto prematuro parece tornar impossível a indispensável falicização da criança. Esse bebê é decepcionante, uma vez que a mãe se sente decepcionante por não ter podido levar a contento essa gravidez e pôr no mundo um belo filho saudável. Se o luto do filho imaginário está sempre por fazer no momento de um nascimento, no caso das crianças

[1] F. Dolto, *Sexualité féminine*, Paris, Gallimard, 1996, p. 133.

prematuras este luto parece ter-se tornado ainda mais difícil, até mesmo impossível.

Como sentir-se mãe desse bebê que não dá sinal, que não mama no seio, que não olha, que, não sendo em momento algum tranqüilizante, não fabrica "mãe"?

O nascimento parece então anular-se, a mãe permanecendo portadora do filho imaginário para tentar lutar contra a decepção e a inevitável culpa. O real em todo seu horror conduz o jogo.

Se a ambivalência está presente em cada nascimento, o parto prematuro coloca em primeiro plano a sensação de ser perigosa para seu bebê. "Não quero ter de volta em minha casa este filho; vocês lhe deram a vida, fiquem com ele, eu só soube lhe dar a morte", dizia a primeira mãe encontrada no serviço.

Se é verdade que, ao darmos a vida a uma criança, damos a ela ao mesmo tempo a morte, um parto que ocorre bem afasta esta representação ainda mais se o bebê se mostrar forte e vigoroso. No caso da prematuridade, vida e morte próximas e por demais misturadas se atropelam. A mãe, engolida pelo real, não pode ser tranqüilizada. O filho prematuro não pode vir em socorro de sua mãe; ele mesmo está disso impedido por sua fraqueza e por vezes também pelo funcionamento da equipe de reanimação. O bebê deixa a mãe sozinha diante de sua angústia. Ele falta ao encontro da reparação.

D. W. Winnicott não hesita em dizer o quanto a preocupação materna primária lhe parece ser uma doença. Ele compara esse sintoma necessário a um "estado de recolhimento, a um estado de dissociação, a uma fuga, ou ainda a um distúrbio mais profundo, tal um episódio esquizóide (...). Uma mulher deve estar em boa saúde, a um só tempo para atingir este estado e para dele se curar quando a criança dele libertá-la[2]".

Como pode uma mulher estar em bom estado quando seu filho em perigo lhe é retirado ao nascimento?

No final da gravidez, reatualiza-se inevitavelmente a relação da futura mãe com sua própria mãe e com toda sua problemática edipiana, mais ou menos bem superada. Quando a repetição domina, as mães podem perder pé a ponto de afundarem em episódios delirantes ou em graves estados depressivos.

---

[2] D. W. Winnicott, *De la pédiatrie à la psychanalyse*, trad. de J. Kalmanovitch, Paris, Payot, 1958-1969, p. 287.

Agnès

Nascida ao termo de trinta e quatro semanas, ela ficara dois meses no serviço de neonatologia de um hospital parisiense por prematuridade.

Quando me foi enviada, tinha vinte e três anos e acabava de dar à luz uma linda menina de 3,250 kg.

Foi durante sua estada na maternidade que essa jovem mulher mergulhou num episódio *post-partum* muito sério, com momentos de perda de identidade. Ela fugira do hospital três dias após o parto num estado confusional agudo, perguntando aos passantes aonde estava indo. Estado crepuscular histérico? Acesso delirante? Psicose do *post-partum*? O psiquiatra do hospital evocou vários diagnósticos e enviou-a para uma consulta comigo após ter prescrito medicamentos.

"Estou gravemente doente", dizia ela incansavelmente, e nada a fazia chorar mais do que os consolos benevolentes de sua família.

Agnès sempre tivera ótima saúde. Bem fácil de educar, nunca apresentara problemas até aquele dia.

Bebê, fora adotada por uma família ao sair do serviço de prematuros. De sua mãe de nascimento, de sua história, nada sabia, ou quase nada. A assistência social do hospital havia confiado aos pais adotivos somente alguns elementos do prontuário.

Os pais foram recebidos regularmente no serviço de prematuros por uma psicanalista. Seguiram escrupulosamente todos os seus conselhos e nada esconderam do que haviam sabido à filha.

Muito jovem, ficara sabendo que seu prenome fora escolhido por sua mãe, a qual viera regularmente vê-la nos oito primeiros dias que se seguiram ao nascimento. Mas, antes de sua saída da maternidade, a mãe havia pedido para assinar os papéis de abandono, depois desaparecera, deixando aos serviços sociais uma falsa identidade e um falso endereço. Nada se sabia além disso, a não ser que o pessoal do hospital a considerava muito doente, mas nenhuma precisão fora fornecida quanto àquela doença.

Os pais adotivos, a conselho da psicanalista, haviam dito tudo o que sabiam e até o que não sabiam. Era preciso "tornar positiva" a relação a qualquer preço. Explicar-lhe que, ao abandoná-la, aquela mãe havia feito um ato de amor, que seus pais adotivos eram-lhe por isso muito reconhecidos e pensavam que ela era uma boa mãe. Disseram-no, mas sem pensar. Foi menos o conselho dado pela psicanalista do que o desconhecimento daquilo que é para pais adotivos a violência de uma adoção o que esteve na origem da derrapagem.

Essa versão *"soft"* dos fatos conveio a Agnès, que cresceu sem problema algum, para grande satisfação dos pais.

Pouco tempo depois de seu casamento, ao ficar sabendo que está grávida, sente-se muito feliz. Espera a vinda desse bebê tão desejado num clima de felicidade, alegria e entendimento com o marido e a família.

A gravidez transcorre maravilhosamente bem, exceto, talvez, alguns dias difíceis, quando fica sabendo pelo médico – que ela descreve como um mágico, "aquele que vê no interior do ventre" – que o bebê é uma menina. Ela estava contente, mas sentia-se perturbada sem saber muito por quê. Nos três dias que se seguiram à ultra-sonografia, ela teve vômitos que nada pôde fazer parar. No entanto, "ter uma menina, ela achava aquilo bonitinho".

A única coisa que podia contrariá-la era o prenome. Ela havia escolhido prenomes de menino, mas um prenome de menina era até então impensável para ela.

Os vômitos cessaram quando de repente um nome a ela se impôs: a menina se chamaria Marie-Agnès.

Apesar de alguns protestos da família, que via naquela escolha mais uma falta de imaginação do que uma busca das origens, ela conseguiu manter sua decisão e tudo voltou a ser normal, calmo e feliz.

Foi no fim do sétimo mês que as contrações apareceram. Agnès foi hospitalizada, os médicos julgaram o bebê pequeno demais e prescreveram repouso e perfusão.

Ela tentou então recusar, pediu para dar à luz prematuramente: "Eu sentia", disse ela, "que era o momento de seu nascimento, não sei por quê". Sua família e o médico chamaram-na à razão. É verdade que, desde sempre, desde que era bem pequena, Agnès era extremamente razoável: nunca com raiva, nunca se opondo, muito positiva sempre. Acabou por ceder. Aceitava agora ficar em repouso, sem protestar, nem parecia mais triste, talvez um pouco ausente. Resignada, provavelmente, a não ser ouvida.

Após algumas semanas, o bebê pesou enfim o peso perfeito, aquele que se pode ler nos livros. Os médicos decidem parar o tratamento. Cinco horas mais tarde, Marie-Agnès vem ao mundo após um parto por via baixa, sem nenhum problema; todos ficam satisfeitos com o trabalho bem sucedido. Ela não era prematura.

Agnès, durante três dias, disse estar cansada demais para carregar a filha no colo. No terceiro dia, não sabia mais seu nome, nem o que viera fazer naquele hospital.

O que voltará em sua análise é o horror, o ódio e a violência em relação à mãe de nascimento: "Como ela pôde me abandonar? Agora que sou eu que tenho um filho, sei que é um monstro".

De que monstro se trata? Quem é o monstro de quem?

O ódio foi recoberto pelos bons sentimentos dos pais adotivos bem aconselhados demais. Dividida por sua ambivalência, ao mesmo tempo que a rejeitava, ela queria gritar de todas as formas sua filiação àquela mãe doente, mãe com a qual só podia identificar-se como monstruosa.

Após um trabalho analítico no qual Agnès pôde reencontrar o drama de sua história e compreender o sentido que podia ser dado ao sintoma "ameaça de parto prematuro", ela pôde pegar de volta a filha, de quem a avó se tornara de novo mãe adotiva, como numa história que, por não ter sido ouvida, não acabaria nunca de se repetir.

O trabalho de um analista num serviço de neonatologia não é tranqüilizar ou tentar suprimir o sofrimento a qualquer preço. Ele tem que aceitar ouvir, à falta de que, alguns vinte e três anos mais tarde, o bebê no adulto reviverá a violência de um trauma que se quis negar. Confiem no inconsciente para não esquecer. O tempo, sabemos, não muda nada na história.

As mães perto das incubadoras sofrem quase sempre de uma incapacidade de pensar seu bebê. Com quem ele parece? O que sente? Quem é ele? Nessa impossibilidade de dizer, elas estão como que paralisadas, presas na armadilha entre o médico que conhece melhor do que elas o luto do fim da gravidez e os riscos reais de morte da criança.

Com efeito, tudo se passa com freqüência como se o bebê continuasse no ventre delas, como se ainda não tivessem dado à luz. Não há *baby blues day* em serviço de neonatologia. Paradoxalmente, a hospitalização parece anular qualquer possibilidade de separação.

Os psicanalistas, que cada vez em maior número são chamados a trabalhar em serviço de reanimação neonatal, parecem ter como preocupação essencial o projeto de "reparação" das conseqüências nefastas, tanto para a mãe quanto para a criança, de uma separação dolorosa. Trata-se de manter o vínculo a qualquer preço e de anular os efeitos do afastamento por todos os meios. Esse projeto terapêutico não encontra sua fonte no desejo sempre presente de apagar o traumatismo do nascimento? O mito da maternidade feliz, da mãe completa, da criança em simbiose perfeita não está na origem dessa orientação?

Certo, em serviço de neonatologia, a separação é dolorosa para as mães, elas o demonstram, mas também para os filhos, cujo sofrimento não podemos negar, ainda que seja só o do corpo. Mas se trata realmente de separação? A relação entre a mãe e o filho não encontrará facilmente seu caminho, ainda que a equipe, cheia de boa vontade, se esforce ao máximo para pôr os bebês nos braços das mães. Essa separação, que vem "a mais" na hospitalização brutal e freqüentemente muda do recém-nascido, parece, ao repetir o corte, anulá-lo, impedir que ele opere realmente, isto é, impedir que ele se simbolize. O que falta é mãe faltante.

Assim, a orientação do trabalho em neonatologia mostra ser para nós diferente. A função do serviço de reanimação não seria mais apenas, ao tornar o bebê viável, restaurar o "quadro da maternidade", mas devolver um filho vivo a uma mãe que poderia acolhê-lo como enfim separado dela. Para isso é preciso que o traumatismo do nascimento possa simbolizar-se, que possa inscrever-se.

O mais precioso no tempo da hospitalização será permitir corte, perda, terceiro. Questionando o todo-poder médico, é com um trabalho de luto que estaremos confrontados enquanto equipe e é também num trabalho de perda e de separação que teremos que apoiar os pais para que cada um se encontre em posição de sujeito.

A mãe de Fatoumata: *feiticeiros e sábios*

Às vezes, a equipe se vê confrontada com situações extremamente delicadas, necessitando toda a paciência e compreensão para que laços se criem com os pais.

Foi o caso de Fatoumata: uma menina africana nascida prematuramente com 1,110 kg. Sofrendo de uma angústia respiratória ao nascer, teve de ser entubada e ventilada durante doze dias, após o que sua evolução no serviço não apresentou problema médico particular.

Entretanto, as enfermeiras se queixavam do pouco contato que conseguiam estabelecer com a menina e de suas raivas freqüentes, difíceis de consolar. Estamos sempre mais atentos na equipe quando uma criança não "reage" à nossa presença. Falamos então, na síntese, da ferida evidente que é para os membros da equipe a não-resposta de uma criança. Eles que fazem tudo por ela sentem-se ignorados, rejeitados, às vezes até agredidos. Como questiono então a respeito dos pais de Fatoumata que não vieram à primeira consulta marcada comigo, a equipe se mostra ainda mais preocupada.

"O pai está na África, não o conhecemos e nunca podemos falar com a mãe. Ela fica sempre atrás da vidraça e nunca quer entrar na unidade. Um interno, certa vez, até foi ao corredor para convidá-la a entrar, mas não adiantou nada. O médico-chefe marcou com ela uma consulta e, mesmo a esta, ela não veio".

Alguns dias depois, no fim da tarde, quando estou no serviço, vejo na vidraça do corredor a mãe de Fatoumata, uma jovem mulher africana vestida com a roupa tradicional de seu país. Ela fixa a incubadora da filha, com o ar grave e atento. Saio então da unidade para lhe falar. Talvez não fale francês? Dirijo-me então a ela e me apresento. Ela fala muito bem francês. Ali ficamos um bom momento, no corredor deserto àquela hora do dia. A mãe de Fatoumata me explica então o quanto o nascimento daquela criança é doloroso para ela. Como não lhe proponho entrar no serviço, continua a conversar comigo. Seu pai é um homem muito importante. É feiticeiro de uma tribo da África onde ela mesma foi criada. É a mais velha de sete filhos. Por tradição, os poderes do feiticeiro se transmitem ao primogênito da família, seja menina ou menino. Ela me diz então que este costume é muito raro e não existe em todas as tribos. Fatoumata é também sua primogênita; se viesse a morrer, o poder familiar estaria assim definitivamente perdido e toda a família se veria rebaixada ao nível de uma família comum. Seu marido havia retornado por alguns dias a seu país porque seu próprio pai caíra gravemente doente. Ela estava portanto sozinha, isolada e desesperada com a chegada prematura daquela criança.

Falo-lhe então de seu bebê, de suas raivas, que a equipe tem a maior dificuldade para acalmar. Teria ela talvez uma idéia? Algumas palavras que poderíamos dizer àquele bebê que o acalmariam? Em que língua falava ela com o esposo durante a gravidez? Talvez Fatoumata estivesse desorientada por não ouvir mais à sua volta outra língua que o francês?

Ela me confirma então que falava com o marido no dialeto de sua região.

Encontramos agora cadeiras e é com grande interesse que escuto a mãe de Fatoumata me falar de seus conhecimentos, crenças e inquietudes.

"É como todas estas técnicas, penso que as coisas são boas aqui, mas não estou segura de que isso possa bastar para salvar a vida de uma criança.

Olhe, sei o que seria preciso para salvar com certeza minha filha, mas, se disser isso a seus médicos, eles vão me achar uma louca, ou coisa pior, na melhor das hipóteses uma selvagem".

Deixei, pois, aquela mãe falar-me da medicina que salvaria sua filha. Banhos de plantas, massagens de um óleo que só existe em seu país, aditivos ao leite que, dado em colherinhas na boca da criança, lhe permite sobreviver à prematuridade.

Fico feliz que ninguém do serviço possa ouvir-me quando proponho à mãe de Fatoumata escrever a seu próprio pai para que lhe envie pelo correio os ingredientes necessários à sobrevivência de sua filhinha.

Nosso médico-chefe às vezes brinca comigo comparando a psicanálise à feitiçaria. Como poderia ele não se questionar, já que os efeitos da linguagem escapam a qualquer medida científica quantitativamente demonstrável!

No entanto, como lembra Maud Mannoni: "Há palavras que pegam o sujeito no corpo, palavras que o tornam enfermo[3]". O poder das palavras evoca a magia. A violência das palavras, até na loucura, levou aqueles que se achavam científicos a queimar as feiticeiras, aquelas que não sabem o que dizem: as histéricas. Aquelas mesmas que conduziram Sigmund Freud pelo caminho da descoberta do inconsciente.

O fato é que, naquele dia, a mãe de Fatoumata entrou comigo no serviço. Reencontrando seu saber e suas crenças, pôde autorizar-se todos os dias que se seguiram a retomar seu lugar de mãe junto da filha.

Felizmente, não sendo o correio muito eficaz, as plantas medicinais chegaram tarde demais! Fatoumata estava curada, fora de perigo, havia recuperado seu peso de nascimento, tanto que não precisamos utilizá-las.

Foi com esse risco (para mim o de ser definitivamente expulsa da unidade!) que Fatoumata, naquele verão, reencontrou sua mãe. Aqui, ainda, a consulta bem poderia ter falhado.

À escuta dos pais

Ele havia seguido a incubadora desde a sala de trabalho até a porta da unidade de tratamento intensivo. Esperara do lado de fora que os médicos atendes-

---

[3] M. Mannoni, *Elles ne savent pas ce qu'elles disent*, Paris, Denoël, col. L'Espace analytique, 1998.

sem sua filhinha. Vieram enfim buscá-lo e, após os rituais de entrada (antecâmara, lavagem das mãos, roupas), ele, que detestava o cheiro do hospital, estava agora junto de seu bebê. A enfermeira a seu lado explicava o funcionamento dos aparelhos; um médico, alguns minutos mais tarde, veio dar-lhe notícias da criança.

Ao sair da unidade, cruza comigo no corredor e me pergunta o caminho para voltar à maternidade. Parece, com efeito, desorientado e perdido. Na minha blusa estão inscritos meu nome e o do serviço. Esquecendo que queria ir embora, questiona-me febril: "A senhora trabalha aqui? Sabe se minha filha vai viver? Por que o médico disse que é preciso esperar antes de se pronunciar? O que vou dizer à minha mulher?".

Conhecemos bem estas questões. Os pais são freqüentemente os primeiros a vir ao serviço, a encontrar a equipe, a descobrir o bebê na incubadora. Eles acabam de viver na maternidade horas difíceis. Aquele parto, quase sempre brutal e inesperado, mergulhou-os no mundo das urgências hospitalares, despertando neles a angústia da morte e da separação.

A mulher que acaba de lhes dar aquele filho está em perigo? O que vai ser do bebê?

A equipe pediátrica de urgência precipitou-se sobre o recém-nascido sem realmente ter tido tempo de falar da gravidade de seu estado. O bebê foi instalado numa incubadora de transporte e levado de urgência para um outro serviço.

Os pais não sabem mais como fazer. Devem ficar junto da mãe? Seguir o filho, como lhes é proposto? Onde são mais úteis? Qual é o lugar deles? Como se achar nisso?

O lugar do pai sempre é difícil, incerto. Mas, nestes nascimentos de alto risco, eles se encontram ainda mais desestabilizados. São eles que, quase sempre, vão apresentar o filho à mãe, eles que a acompanharão nas primeiras visitas, que lhe transmitirão com precaução as palavras dos médicos.

Num nascimento a termo, é a mãe que apresenta o filho ao pai. A confusão dos papéis não deixará de ter efeito sobre a função paterna e sobre a dinâmica do casal.

A função habitualmente "separadora" do pai está aqui invertida: ele vai tentar fazer com que se encontrem da melhor forma a mãe e o bebê. Confrontado com esse "deslizamento" de lugar para o pai, o serviço de neonatologia vai achar-se colocado de imediato em posição paterna para a mãe e o filho.

O pai simbólico está presente para o filho desde o nascimento, já que, desde o nascimento, "o filho está às voltas com a questão do pai uma vez que ela já está instaurada na cultura, uma vez que está presente no campo materno, pois aquele filho, nascendo, inscreve-se na problemática da mãe em relação à questão do falo e, portanto, de seu fantasma[4]".

A maternidade é biológica, é o domínio da vida sensorial sobre a vida do espírito. O pai, este, em sua função, permite ao filho não estar totalmente assujeitado ao desejo materno. Em *Totem et Tabou*[5] [Totem e tabu], Freud propõe como mito a história do pai da horda primitiva. Macho absoluto, ele reina sobre seus filhos homens e goza de todas as mulheres, proibindo-as aos outros pela força. Privados de gozo, os filhos decidem matar o pai. À morte do pai, a rivalidade fraterna para possuir as mulheres está em seu ápice. A lei se impõe cada vez mais e uma totemização da função paterna se instala. Aquele pai morto torna-se ainda mais interditor do que quando vivo. Ele não reina mais pela força, mas sua função simbólica está colocada como incontornável pelo grupo.

O pai interditor vai ser aquele que, para além de si, interessará a mãe da criança. Aquele que produzirá significação fálica. Será ele quem, no jogo do gozo, se ocupará do desejo da mãe. O filho escapará à posição de objeto do fantasma materno contanto que esta dê ao pai um lugar suficiente, ao pai ou a qualquer outro que possa vir a ocupar esta função.

Se terceiro funcionar, a mãe não poderá estar em posição de jogar com o filho como com um objeto, mas um verdadeiro espaço de "jogo" se instalará, "eu" [*je*] se tornará possível. A mãe não faz um filho para si, para seu mero gozo como se gozaria de um bem. Ela faz um filho para um homem, em nome de um pai. O ato de fazer um filho implica um terceiro. O bebê não vem mais preencher a mãe, ela é faltante, trata-se apenas da mera relação de corpo a corpo, mas de uma relação com a linguagem e com o mundo como sexuado. No espaço de jogo assim criado, a mãe poderá se representar o filho como que separado dela. Para que ela possa se representar o filho, será preciso que ele já esteja "presente". Existe um ritual chinês em que, no dia seguinte ao parto, a mãe se debruça sobre o berço da criança dizendo: "Saúdo em vós Senhor meu filho, ou Senhora minha filha, Senhores ancestrais de Senhor meu marido". Num segundo tempo, a mãe apresenta a criança à assembléia familiar reunida para a circunstância e um nome é dado ao bebê. Esta dupla apresentação de imediato inscreve o filho no registro do simbólico, da nomeação e a mãe no registro da falta. É por faltar que ela pode vir a faltar para seu filho.

---

[4] A. Vanier, *Éléments d'introduction à la psychanalyse*, Paris, Nathan Université, p. 86.

[5] S. Freud, *Totem et Tabou*, trad. franc. de M. Weber, Paris, Gallimard, 1993.

As longas hospitalizações das crianças no serviço podem por vezes, desde o início, "marcar as cartas". Certas vezes, o pai pode mostrar-se muito exigente, muito agressivo com a equipe, como se só pudesse vir em ajuda da mãe e do filho de um modo vindicativo. É essa maneira de ser pai que os membros de uma equipe terapêutica deverão compreender, diante de um homem que talvez se ache também abalado em seu papel, sobretudo se aquele filho for o primeiro. Ele está protegendo sua família; ao se opor a nós, ao se mostrar intratável, pensa dar novamente a sua mulher, a seu bebê e a si mesmo um pouco de confiança nele.

O filho, para o pai, não pode ser reconhecido como o é para a mãe no corpo a corpo. Às vezes, é por uma oposição ao discurso médico que o pai encontra seu lugar. Outras, ao contrário, ele se identificará com o médico. Esperança de reparação, necessidade de se mostrar útil, ele quer ser ainda mais bem informado, dar sua opinião sobre os tratamentos. Será importante para a equipe compreender sua perturbação e aceitar suas questões, ainda que nem sempre seja fácil.

O pai, quando a mãe encontra seu bebê alguns dias após o nascimento, acha-se desarmado se a mulher parece ter dificuldades para investir o filho. Ele tenta, então, em vez de ocupar o lugar de terceiro, aproximar o filho e a mãe e por vezes se apaga junto da mulher para desempenhar, junto do bebê, um papel que seria mais aquele de uma mãe de substituição.

Os pais nos dizem com freqüência o quanto lhes é dificilmente concebível constatar que entre a mãe e o bebê as coisas não vão bem. É a idealização do laço mãe-filho que está de novo em primeiro plano, certamente também o laço com a própria mãe deles, que é precisamente idealizado por eles. Essa falta de interesse aparente da mulher pelo filho é insuportável para eles, já que os mergulha novamente na época em que a mãe podia vir a lhes faltar ou, ainda pior, são atormentados pela falta que o bebê poderia suscitar na mãe. É com a própria história deles, de lactente devorante e devorado, que se acham então confrontados.

Presos na armadilha de uma identificação materna, perdendo suas referências, tentam ainda "reparar" "fazendo função" de mãe para o filho e rivalizando com ela. Como em espelho de suas relações com suas próprias mães, não suportam a idéia de que o bebê não seja tudo para o outro.

Mas um filho precisa de seus dois pais em papéis sexuados e diferenciados e não de duas mães ou de dois pais idênticos.

Quando a mãe está impedida de ocupar seu lugar pela extrema prematuridade do filho, o pai nos fala de sua perturbação diante do que lhe parece ser indiferença ou, por vezes, agressividade.

Fanny

"Não entendo por que ela rejeita esta criança, ela não fez nada; como fazer para que se interesse por ela?".

O pai de Fanny questionava a equipe quanto à maneira de aproximar a mulher e a filha, enquanto que em entrevista essa mãe me contava: "Não pude vir imediatamente, então, forçosamente, ela se apegou ao pai durante os três primeiros dias. Quando vim pela primeira vez, ela não queria me olhar, só tinha olhos para ele. Eu quis pegar a mão dela, mas ela me recusou, não queria saber de mim".

Fanny era uma extremamente prematura de 880 gramas; tinha nascido ao termo de 28 semanas.

Entubada, ventilada, amarrada em sua incubadora, não sabíamos ainda que prognóstico prever para aquela criança tão frágil. No entanto, a mãe tinha se sentido rejeitada por ela. Ela havia recusado sua mão, dizia. Repelente, talvez aquela menininha o fosse para aquela mãe. Então, durante algumas semanas, o pai veio só, preocupado, infeliz; passava horas ao lado da incubadora de Fanny, não ousava fazer perguntas aos médicos.

Numa noite, ao conversarmos, ele me falou de sua preocupação com a filha, mas também com a mulher que parecia cada vez mais triste desde a volta para casa. "Não entendo o que está acontecendo", dizia, "ela que queria tanto esta criança". Explicou-me que vinha o máximo possível para que Fanny não se sentisse sozinha, mas que não estava seguro de que aquilo pudesse substituir a mãe. Ficava constrangido com as perguntas das enfermeiras: "Por que sua mulher não vem? Fanny precisa dela". Sentia vergonha por não conseguir convencer a mulher a entrar na unidade. "Tenho trabalho", dizia, "não poderei vir sempre assim; o que vai acontecer quando Fanny voltar para casa?".

Conversando com ele, nas noites em que eu ficava na unidade, ele tomara a decisão de convencer a mulher, não a vir ver a filha, mas a vir encontrar-me para que eu conversasse com ela sobre a filha.

Na semana seguinte, recebi em meu consultório a mãe de Fanny. Não lhe propus entrar na unidade, em compensação escutei-a falar-me de sua angústia, do desamparo em que se achava e de suas dificuldades em se sentir mãe. Não estava preocupada com o bebê, mas sentia-se "descartada". "Aqueles dois se entendem bem demais, não precisam de mim". Aquela fascinação por aquele casal pai-filha remetia-a, é claro, à sua história. Uma história edipiana quente que o nascimento prematuro daquela menina viera reatualizar.

Foi só após vários encontros, quando pôde colocar em palavras os sofrimentos passados, que ela entrou na unidade para encontrar seu bebê.

Se, na maioria das vezes, nosso trabalho com a equipe permite aos pais encontrarem seu lugar sem muitas dificuldades, contanto que estejamos presentes e atentos a seu sofrimento, outras vezes um acompanhamento de tipo analítico se impõe com eles, para permitir que situem o que da história deles vem marcar as cartas, o que para além daquele nascimento prematuro vem impedi-los de ocupar seu lugar junto do bebê.

Ludivine:
um dom de Deus

"Chamei-a Ludivine porque é um presente de Deus", dizia-me o pai em nosso primeiro encontro. Ludivine era uma menina nascida com 32 semanas de gravidez, pesava 1,750 kg. Ela não apresentara problemas particulares à equipe, evoluía normalmente.

Eu havia encontrado o pai desde a entrada do bebê no serviço, mas ninguém via a mãe. Ela viera uma ou duas vezes à unidade, mas ficara muito pouco tempo e não falava com ninguém. O pai, em compensação, estava bem investido pelas enfermeiras. "Ele é maravilhoso", diziam, "nunca vimos um pai assim: troca as fraldas, dá a mamadeira feito uma mãe". Com efeito, ele estava muito presente, passava dias inteiros junto do bebê, cantava-lhe canções, dizia-lhe palavras de amor, pegava-a – assim que foi possível – no colo, cobrindo-a de beijos.

Quando finalmente recebi a mãe, ela me contou sua história.

Encontrara o pai de Ludivine pouco tempo antes, já esperando Ludivine. Ele não era, pois, o pai biológico do bebê, mas o havia reconhecido antes do nascimento.

Aquela mãe ficara grávida após um estupro. Ela não queria ficar com o bebê; a simples idéia deixava-a horrorizada. Estava a ponto de sofrer uma intervenção voluntária da gravidez quando, alguns dias antes, encontrou o pai de Ludivine na casa de amigos e contou-lhe sua história. Já naquele encontro ele propôs à jovem não abortar. Sempre sonhara ter um filho. Estava disposto a se casar com ela, a reconhecer o bebê e a criá-lo caso ela aceitasse ficar com ele. Sem amparo, em dificuldades financeiras, residindo na França sem documentos, não podendo voltar a seu país de origem, a mãe de Ludivine aceitou a proposta. "Eu não sabia o que ele queria com o bebê", disse-me ela, "eu tinha muito medo de que depois do nascimento ele se interessasse por ele e não por mim, ainda hoje tenho medo de que me abandone agora que tem o que queria".

A mãe de Ludivine estava impossibilitada de investir a filha e, ainda desta vez, a prematuridade não estava só como causa. "Quando eu soube que ia dar à luz prematuramente, desejei a morte dela; mas, se ela tivesse morrido, ele com certeza teria me abandonado".

Perguntei àquela mulher se ela me autorizava a falar com o pai da criança sobre o que acabava de me dizer. Parecia aliviada de que falássemos juntos daquilo.

"Não posso cuidar do bebê enquanto ele estiver assim junto dela. Ele diz o tempo todo que não sei agir e que vou machucá-la. Não sei, talvez ele tenha razão".

O pai de Ludivine veio regularmente às consultas seguintes. Preso a uma história muito difícil, aquele homem, que não conhecera o pai, sonhava desde sempre ter um filho. Falava da mãe como uma pessoa excepcional com quem desejava parecer. "É como ela", disse-me, "que eu gostaria de criar minha filha". Fazer ele mesmo um bebê, ele não queria, em compensação com freqüência havia pensado em adoção, mas um homem só, nos dias de hoje, conhece, dizia, problemas para adotar legalmente. Aquela criança, sua mãe, ainda viva hoje, certamente teria estado em condição de ajudá-lo a cuidar dela, mas ele não ousara tomar a iniciativa junto à assistência social à infância.

Aquela menina que lhe havia sido enviada pelo céu, ele a adorava.

"Tenho vontade de devorá-la de tão bonitinha que é; comigo será feliz feito uma princesinha".

Mãe todo-poderosa, ele se sentia completado com o nascimento daquela criança e falava muito pouco da mulher. A única preocupação a seu respeito era a contracepção. Ele perguntava todo dia, a enfermeiras diferentes, se era possível marcarem uma consulta para ele no planejamento social para fazer com que sua mulher não arriscasse "ficar grávida". Não queria ter outros filhos.

Ludivine "não terá rival", dizia-me rindo, "é uma princesa; terá o máximo do que puder lhe dar, é tudo para ela, já que ela é tudo para mim".

De que fantasma se sustentava seu desejo? O que tinha sido jogado nas identificações de sua infância? Que lugar podia ele destinar hoje àquela mulher que se sentia violentada uma segunda vez naquela obrigação que lhe era imposta de ser mãe? O que havia sido significante para ele naquela história de estupro?

Só um longo trabalho psicanalítico poderia ter permitido identificá-lo. Mas, no quadro da unidade de tratamento intensivo, aquele trabalho não era possível e, aliás, aquele homem não pedia para ir mais longe. O único trabalho possível para nós foi permitir, falando sucessivamente com o pai e com os membros da equipe, que um lugar fosse de certo modo dado novamente à mãe. O pai, menos idealizado pela equipe, que identificou sua atitude mais materna do que paterna, deixou um pouco de espaço, um pouco de jogo entre a mãe e a filha, o que não fora encorajado no início do atendimento pelas enfermeiras por demais admiradas.

A mãe de Ludivine deixou a unidade com o nome e o endereço de um psicanalista no bolso. Ficamos sabendo, algum tempo após a saída do bebê, que ela havia começado para ela, na unidade de atendimento "mãe-filho" de Saint-Denis, um trabalho analítico com o psicanalista a quem a havíamos enviado.

É às vezes possível para a equipe, ao estar à "escuta dos pais", situar os tormentos em que estão aprisionados. Freqüentemente é preciso pouca coisa para fazer com que retomem com suas mulheres essa função de apoio, de *holding do holding* de que elas mais particularmente necessitam nesses nascimentos difíceis. Quantas vezes trabalhamos com a equipe para que não force os pais a trocarem as fraldas ou a darem a mamadeira?

Um bom pai não é obrigatoriamente aquele que se identifica com uma mãe. Essa forma de pedido da equipe assume por vezes ares de "revanche feminista" que não são de grande socorro para a criança. Por outro lado, tornar os membros da equipe sensíveis à atenção que um pai pode dar a uma mãe que aprende a descobrir seu bebê será mais propício a permitir que os pais encontrem seu lugar, que se situem em relação ao filho.

Quase sempre, ao modificarmos nossa atitude, permitimos que o pai entenda o que o bebê e a mãe esperam dele. Algumas vezes, é a um trabalho mais psicanalítico que é preciso se dedicar, se a história do pai o impede de ser outra coisa para seu filho do que uma mãe mítica e devotada.

Os homens podem ocupar-se dos filhos, se se ocupam, como pais: de um outro lugar que um lugar materno.

O pai de Sarah, chefe de cozinha, não me dizia: "Os bebês são como a cozinha; é um assunto importante demais para que o deixemos com as mulheres e, aliás, feito por um homem tem um gosto diferente."?

É neste "gosto diferente" que a criança vai se encontrar e que a equipe inteira terá de se situar.

Capítulo 5

O trabalho com a equipe

"Entrevemos agora por que Freud provavelmente se sentiu no dever de reintroduzir nossa medida, na ética, pelo gozo? E não é tentar agir com vocês como com aqueles de quem é a lei, por conseguinte, o fato de deixá-los sobre a questão: que alegria encontramos naquilo que faz nosso trabalho?"

Jacques Lacan

A equipe de neonatologia

As pessoas que trabalham num serviço de neonatologia são como a tripulação de um navio. Cada um ocupa uma função precisa e, do comandante de bordo ao simples marinheiro, todos dependem uns dos outros para assegurar a boa marcha do navio.

Individualmente, é preciso procurar respeitar uma orientação comum, um projeto comum, a fim de permitir, diante das intempéries e apesar dos momentos de desânimo ou de incerteza, manter a direção fixa de início.

São muitas as tempestades a serem atravessadas num serviço de reanimação neonatal.

Uma enfermeira dizia-me um dia: "É um pouco como em tempo de guerra: temos que lutar em todas as frentes".

Luta incessante contra a morte inadmissível de um lactente, contra os riscos de baixa de vigilância que acarretaria erros catastróficos, contra sua própria angústia, algumas vezes também contra os pais que parecem vir "incomodar" ou tornar mais difícil o trabalho da equipe terapêutica. Algumas vezes até, a luta aberta ou abafada pode se declarar na equipe quando certas decisões não são compreendidas.

Por que continuar uma reanimação que só pode trazer sofrimentos inúteis para um bebê?

Por que decidir por um tratamento em vez de outro que poderia parecer mais confortável para o lactente?

Os responsáveis deverão então explicar os motivos de suas prescrições a fim de que a confiança nunca seja arranhada e a tripulação do barco se sinta assim em segurança. Mas a segurança num serviço de neonatologia permanece sempre relativa. A ciência, apesar dos avanços dos últimos anos, não tem resposta para tudo.

Ainda que as decisões importantes sejam tomadas por unanimidade pelos médicos, ainda que seu juízo, sua sabedoria e sua vontade de curar não possam ser colocadas em dúvida, é justamente dessa dúvida que eles não podem ser inteiramente aliviados. A angústia, é claro, não pode ficar só por conta das puericultoras, auxiliares de enfermagem ou enfermeiras. Ela está presente também com os médicos, arrastando atrás dela sua legião de riscos depressivos ou de agressividade. Mais que todos os outros, eles estão incessantemente confrontados com seus limites e, cada um à sua maneira, com a problemática do luto.

Se as dificuldades não faltam, elas ainda são a prova de que a equipe permanece viva. É essa luta pela vida que conscientemente lhe servirá de bússola.

Inconscientemente, a questão se complica com as pulsões de morte em ação para cada indivíduo. Esse trabalho subterrâneo traz por vezes crises que nem sempre são fáceis de superar.

Na maior parte do tempo, os reanimadores são antigos pediatras que vieram para a neonatologia trazidos pela paixão pela medicina de alta tecnologia, pelo interesse que representa a idéia de estarem bem perto da vida e da morte, pelo gosto da superação de si em que se sabe que, para a mínima decisão ou o mínimo gesto, cada minuto contará para salvar a vida de um ser humano. Nada está garantido de antemão, cada criança é diferente e coloca para o médico um enigma que o põe de novo, por inteiro, em questão.

A seriedade e o sentido da responsabilidade que cada reanimador traz a seu trabalho ganham nossa admiração.

Certamente os psicanalistas entenderão nessa escolha de carreira muitas outras motivações inconscientes. Escolhe-se a pediatria por identificação com o bebê doente que nunca se deixa de tentar curar? Trata-se de restaurar para a mãe um falo imaginário a fim de devolver-lhe aquele filho maravilhoso de que ela não pode ficar privada? Ou então ainda de salvar o irmãozinho ou a irmãzinha que se teria desejado estrangular com as próprias mãos no berço, sob o domínio daquela feroz *invidia* própria à infância?

Se esse debate pode ser de interesse teórico relativo, não penso de minha parte que ele seja de verdadeira eficácia no trabalho que um analista em serviço de reanimação tem de fazer. Não é a análise das motivações inconscientes de uma equipe de neonatologia que pode fazer com que os médicos atendam melhor as crianças por que são responsáveis. O papel do analista não se situa aí.

Se o projeto do início, como foi o nosso, é um projeto de "reanimação" do lactente, deve-se então trabalhar com os médicos e não contra eles. De que fantasma de todo-poder se vangloriaria o analista que, pensando dizer a "verdade da verdade" sobre o inconsciente de um médico, estaria convicto de resolver magicamente todos os problemas de uma equipe? Talvez chegássemos por esse método a impedir os médicos de fazerem seu trabalho. Não é o objetivo buscado. Propor-lhes, por outro lado, falar das dificuldades que encontram, fazer com que entendam uma outra abordagem do bebê e de sua família, questionar conosco a transferência da equipe e as reações de uns e outros diante da história diferente de cada criança parece-nos ser uma posição mais frutífera. Que pedem os médicos, hoje cada vez mais numerosos, que chamam analistas para se juntarem a suas equipes de reanimação neonatal?

A prematuridade como sintoma?

Os incessantes avanços científicos recuam a cada dia os limites da morte. Crianças que não eram viáveis há alguns anos podem hoje ser salvas graças aos cuidados extremamente sofisticados da reanimação neonatal. Mulheres que não podiam pôr no mundo um filho podem doravante ser mães.

A cada dia os limites do possível estão um pouco mais longe. Como não se inquietar com isso?

Essa inquietação não é apenas do interesse de alguns filósofos, ela o é também dos cientistas e dos médicos.

Até onde se pode ir? Em todo o mundo se reúnem comitês de ética agrupando especialistas de todas as disciplinas para refletirem sobre estas questões. Até onde reanimar os extremamente prematuros? Os limites são incessantemente recuados e ao mesmo tempo a ciência avança.

O que fazer então com o risco de fabricar crianças para sempre deficientes? Ou, por causa de longas hospitalizações, arrisca-se fabricar psicóticos? Devem eles ser sacrificados à ciência para o bem da humanidade?

Os nascimentos medicalizados ao extremo permitem aos pais que não podiam ter filhos terem acesso enfim à sua demanda. Deve-se assim desnaturar a esterilidade de um casal? Não ouvimos, em fevereiro de 1998, pesquisadores americanos proporem, para resolver o problema dos casais estéreis, recorrer à clonagem? A mãe teria uma filha que seria seu clone, o pai um filho que seria sua reprodução perfeita. Este método, explicam, evitaria recorrer à doação de esperma ou de óvulo. A criança seria de fato o duplo dos pais, nada de estranho viria perturbar a família. Aqui, ainda, não se trata da reprodução do mesmo? Da negação da diferença, da transgressão do interdito do incesto? O humano é irresistivelmente atraído pelo semelhante. Essa "pulsão clônica" seria tão forte para querer buscar por toda parte o outro sem alteridade, para estar seguro de só poder achar a si mesmo? Não é esse o melhor meio de se perder? Não será mais necessário trabalhar os seminários sobre a identificação, quando as crianças forem os gêmeos genéticos dos pais; tudo irá certamente da melhor forma possível no melhor dos mundos!

Em decorrência das implantações de embriões múltiplos, vem aumentando o número das crianças de risco por causa de prematuridade. Os fantasmas de onipotência podem hoje se tornar realidade. Devemos responder à demanda de consumo? Até onde os médicos devem satisfazer o paciente?

"Não se encomenda um bebê como um móvel pelo catálogo da Redoute*", dizia-me um dia um pai que se opunha à mulher que pedia aos médicos um filho por "todos os meios". De quem é então a criança? Um obstetra especializado em nascimentos medicamente assistidos espantava-se em saber que as crianças, nascidas graças a ele, tinham como prenome seu próprio prenome. Achava aquilo engraçado, mas nem por isso parecia questionar-se. Como funcionarão dentro de alguns anos, para essas crianças, as referências simbólicas indispensáveis à sua construção?

Os cientistas pedem aos psicanalistas que tomem posição; às vezes, até, pedem-lhes para "tratar" ou prevenir as eventuais complicações de seus atendimentos médicos.

Era o caso da Senhora B., que viera me consultar a conselho de seu ginecologista. Tinha um menino de sete anos, nascido após uma fertilização *in vitro*. Agora, o marido e ela desejavam outro filho. O médico lhes propôs então, em

* Cadeia de lojas de eletrodomésticos com vendas por mala postal. (NT)

vez de tudo recomeçar, reimplantar um dos embriões que haviam sido congelados oito anos antes, quando da primeira fertilização. Era mais simples, menos complicado, mais lógico, dizia ele. Mas a Senhora B. não se sentia disposta a aceitar essa idéia. Ela falava disso da seguinte maneira: "Não suporto saber que vou pôr no mundo um filho que foi concebido há nove anos, um recém-nascido com um ano a mais que seu irmão mais velho". O médico tinha então pensado que ela não era normal. Como ela não compreendia, com efeito, que a manipulação traria menos problemas? Seria mais simples, exceto, é claro, tinha ele precisado, se os embriões de oito anos de idade explodissem durante o descongelamento. Fora a Senhora B. quem explodira; dominada pela angústia, não compreendia por que seu desejo de gravidez havia voado aos pedaços, colocando ao mesmo tempo o médico em dificuldade.

"Minha cara colega", escrevera-me ele, "envio-lhe a Senhora B., que deve se submeter a uma implantação de embrião proximamente e cujo estado psicológico preocupante arrisca fazer fracassar a intervenção. Agradeço-lhe pelo que puder fazer por ela".

Talvez ele não soubesse que eu não era uma colega. O que eu poderia fazer, se é que podia fazer, talvez não lhe permitisse ser levado a me agradecer por aquilo. Como não entender a dificuldade na qual teriam ficado aquela mãe e seus filhos? O irmão mais velho se tornaria o irmãozinho, embora o irmão grande, efetivamente com um ano a mais, tivesse a aparência de um recém-nascido. Como essa história pode se inscrever no inconsciente? Há aí uma dimensão perversa que não podemos afastar. É "perversão *in vitro*".

A medicina não pode usar a psicanálise. Não é má vontade por parte dos psicanalistas, é uma questão de diferença de registro, uma radical impossibilidade.

Então, o que pedem de nós? Um questionamento sobre a ética? Explicações sobre as causas de certos fracassos no campo das procriações medicamente assistidas? A psicanálise permitiria à medicina compreender o que leva, por exemplo, as mulheres a darem à luz prematuramente? Quando não há razão médica evidente, os cientistas se interrogam: por que esta gravidez não pôde ser levada a termo? Os sábios procuram causas quando constatam efeitos; querem compreender. Como sublinhava Jacques Lacan: "Isso consiste em pensar que há coisas que vão por si, que, por exemplo, quando alguém está triste, é que não tem o que seu coração deseja. Nada é mais falso. Há pessoas que têm tudo o que seus corações desejam e que estão tristes mesmo assim... Essa 'relação de compreensão' é justamente aquilo de que a psicanálise está mais afastada, por todo seu movimento, por toda sua inspiração, por toda sua energia, por tudo o que ela trouxe, por tudo aquilo a que nos conduz, por tudo aquilo a que deve nos prender[1]".

O parto prematuro é um sintoma? A relação de causa a efeito não é tão simples para os psicanalistas. Cada sujeito é diferente, cada ser humano inscrito numa rede de significantes complicada "reage", entre outros, com seu corpo, onde vem se inscrever uma fala que não pode ser dita de outra maneira. Que sentido terá um nascimento prematuro? Jamais o mesmo, já que cada um colocará à sua maneira uma questão sobre a vida, a morte, a diferença dos sexos, vinculados a várias gerações. A clínica nos impõe a modéstia e é caso por caso que somos levados a formular algumas hipóteses que colocarão, por sua vez, outras questões. As mesmas causas não têm os mesmos efeitos; é esta uma das especificidades do inconsciente: ele escapa à compreensão.

Evidentemente, em cada história de prematuridade, algo nos é sugerido da ambivalência das mães em relação aos filhos. Mas a ambivalência está sempre presente e não precipita obrigatoriamente o nascimento dos bebês. As pulsões de morte de que fala Freud estão indissociavelmente ligadas às pulsões de vida e a pulsão de morte, deve-se ainda lembrar, não é o desejo de assassinato. Impossível apontar a ambivalência como única causa da prematuridade. Impossível tampouco falar ingenuamente desse desejo de criança cujas virtudes nos são hoje repisadas, como se uma criança desejada estivesse protegida dos problemas. Tudo depende de por que ela foi desejada.

Sabemos bem, quando recebemos crianças, que o desejo dos pais por elas nem sempre é sem risco e, aliás, as crianças prematuras são freqüentemente crianças muito desejadas. Mais um mito de que será preciso se desprender.

Certos analistas como Bernard This e Monique Bydlowski pensaram que as datas dos partos prematuros tinham valor significativo, como se o inconsciente escolhesse a data de nascimento como aniversário de um outro aniversário, de uma morte, de um acontecimento[2]. Talvez em certos casos, mas aí ainda é possível generalizar?

---

[1] J. Lacan, "Introduction à la question des psychoses", in *Le Séminaire, Livre III,* "Les psychoses", Paris, Seuil, 1981, p. 17.

[2] M. Bydlowski, "Et si l'inconscient calculait la date de naissance?" in *Les Cahiers du nouveau-né,* nº 6, Paris, Stock, 1983, p. 143.

Um relatório do MIRE[3] propõe como razão da prematuridade um fenômeno psicossomático. Uma doença psicossomática por definição afeta o corpo ao mesmo tempo em que está ligada ao espírito. É a terceira categoria das doenças dos humanos, doença do corpo, doença mental, doença psicossomática. Mas podemos hoje ainda operar tal diferenciação entre as doenças? O corpo e o espírito não estão sempre ligados? Todas as doenças não dizem respeito, a um só tempo, à psique e ao soma? Não são elas sempre psicossomáticas? Segundo esse relatório, a prematuridade resultaria de um conflito psíquico na mãe. Seria este conflito que desencadearia o parto.

O que é importante situar é como, em quase todas as histórias de nascimento difícil, as relações entre as mães e sua própria mãe foram dolorosas. Para Marie-Magdeleine Chatel, "a maternidade não se transmite de mãe a filha, como o falo se passa entre homens. Uma filha só poderá se tornar mãe – ela pode sempre gerar um filho, o que não diz se ela se torna mãe para este filho – quando tiver atravessado a devastação, por uma forma de arrancamento, de desligamento, sem substituição. Ela deve abandonar a esperança de obter diretamente de sua mãe a autorização para gerar filhos[4]". Mães vítimas, impedidas, que esperaram demais de suas mães a autorização para serem mães por sua vez e que desenvolvem, em relação à criança ainda *in utero*, sintomas de tipo fóbico. A estada em neonatologia, o aspecto do prematuro "repelente" levam as mães a falarem do medo nelas despertado pelo bebê. Por vezes até se trata de medo pânico. Será a prematuridade que vem desencadear a angústia fóbica na mãe, ou esta angústia já estava presente antes do nascimento? Medo da criança, medo de si mesma? É possível nesse momento estabelecer a diferença? A expulsão deveria então ser entendida como um mecanismo de defesa? Uma coisa é certa: as falas mortíferas, vindo de suas próprias mães, fazem dessas mulheres mães machucadas e vêm marcar o corpo delas. Ninguém hoje pode mais pensar que corpo e espírito seriam entidades estanques e separadas. Todos, até os cientistas, estão dispostos a admitir que os acontecimentos de uma vida, os dramas, as dores, ainda que psíquicas, marcam o corpo.

"O amor", diz Antonio Damasio, pesquisador em neurologia, "a angústia e o ódio, a bondade e a crueldade, a atividade mental conduzindo à solução de um

---

3 *Prévention de la prématurité et détresse maternelle: "Tombé du nid trop tôt". Um autre regard sur l'accouchement prématuré*, MIRE, GERAL, abril de 1993.

4 M.-M. Chatel, *Malaise dans la procréation*, Paris, Albin Michel, 1993, p. 62.

problema científico ou à criação de um novo objeto técnico ou artístico, tudo isso resulta de processos neurais que tomam lugar no seio do cérebro, contanto que este último tenha estado até aqui e continue estando, no presente momento, em interação com o corpo. O espírito respira pelo viés do corpo e o sofrimento, tenha ele sua fonte no nível da pele ou de uma imagem mental, toma efeito na carne[5]".

A linguagem tomará efeito sobre o corpo do sujeito e fará com ele apenas um, a ponto de levá-lo por vezes até as portas da morte. O inconsciente age sobre nós, não nos deixa em paz, nos impede de esquecer, enquanto não tivermos nos lembrado. Manifesta-se nos sonhos, nos lapsos, nos atos falhos, assim como nos sofrimentos do corpo. É o que nos inscreve diferentemente de cada um dos outros, o que faz por vezes de nossa vida outra coisa que o que teríamos desejado. É nesse enigma que se pode tentar situar o que faz uma criança vir prematuramente ao mundo.

Nada diz que isto seja possível para uma equipe de neonatologia, mesmo com um analista a bordo. Nada diz que isto seja desejável durante o tempo de hospitalização de um bebê em perigo. Às vezes, os pais, com os quais teremos que trabalhar, irão fazer esse longo trajeto analítico que lhes permitirá situar em sua história singular e única o que terá inflectido dessa maneira o curso de sua vida e a de seu bebê.

Por outro lado, durante o tempo de estada do bebê na unidade, o acompanhamento da equipe e o encontro com o psicanalista talvez permitam aos pais colocarem palavras no que estão vivendo, reencontrarem o filho e se reencontrarem eles mesmos, contanto que lhes seja dado tempo, sem preconceito e sem *a priori*.

Um lugar para o psicanalista?

Cada analista, num serviço de medicina, terá de "inventar" seu lugar. Se este lhe for atribuído antes que entre, ele arrisca encontrar-se num sistema fechado. Não deve se deixar fechar num funcionamento congelado sabendo que, nesse caso preciso, a transferência com a equipe nunca poderá ser analisada como tal.

Qual é a relação do analista com os médicos? Várias hipóteses são possíveis.

---

[5] A. R. Damasio, *L'Erreur de Descartes*, Paris, Ed. Odile Jacob, 1995, p. 15.

Ele pode ter com o serviço uma relação fóbica. Isto é, desejará o mínimo contato possível com a equipe médica, não vai querer saber nada dos prontuários ou dos estados de saúde das crianças. Terá um consultório à parte e só falará com os pais que lhe forem enviados pelos médicos fora do contexto hospitalar. Mas como funcionar assim, na evitação ou na denegação? Como fazer como se não estivéssemos no hospital?

Pode também, em outros casos, estar com os médicos numa relação de rivalidade. Todo-poderoso, pensará poder melhor "curar o sintoma". "Desliguem seus aparelhos", lhes dirá, "é de outra coisa que depende a vida da criança". Inútil dizer que, para estes analistas, o prognóstico de vida na unidade de tratamento intensivo não é muito favorável.

Outros podem também pensar que se trata de um complemento de atendimento, de um "mais" trazido à medicina como a última descoberta na moda. "Ponha um *psi* em sua incubadora", lia-se há alguns anos numa revista médica. Ser o último *must* do momento é realmente o papel do psicanalista?

Estes anos de trabalho em reanimação levaram-me a situar-me de outra maneira. Trata-se essencialmente de abrir um espaço onde um certo tipo de fala e de escuta seja possível. O lugar do analista, cada vez diferente, deve ser recriado dia após dia. Deverá permanecer flutuante e maleável.

É de diferentes maneiras que o analista se situará em função dos sujeitos aos quais se dirige e em função do momento em que uma fala pode ser endereçada. Num corredor, num consultório, numa antecâmara, pouco importa, como lembra Daniel Oppenheim[6]: "Um psicanalista no hospital é como um psicanalista na rua".

Parte integrante da equipe, ele tem que ser por vezes também exterior, para remeter aos membros da equipe ou aos pais uma imagem, uma escuta distanciada. Em outros momentos, junto da incubadora, se os visores se puserem a apitar, ele ajudará da melhor forma possível a equipe, na medida de suas possibilidades. Outra vez ainda, ficará ao lado da equipe para acompanhar uma criança morrendo. É preciso poder sempre se mexer de um lugar a outro, construir um espaço onde jogo seja possível a partir dessa disponibilidade.

Para um analista, justamente, não existe "compreensão" única, explicação sistemática. Seu único *a priori* é manter para a criança, por menor que seja, por

---

[6] D. Oppenheim, *Psychanalyse et médecine*, Conférence au Laboratoire de clinique, Espace analytique, Paris, 12 de dezembro de 1997, notas pessoais.

mais fraca, por mais doente, seu estatuto de interlocutor. Ajudar os pais a serem seus pais apesar de tudo, não deixar nem a família, nem a equipe confundir a criança com o aparelho. Fazer com que todos preservem a capacidade de pensar. Falar da morte, para que a morte psíquica não invada tudo, para que ela não predomine sobre a morte do corpo.

É, para o analista, essa construção, essa criação incessante em ação que permitirá às famílias e à equipe ouvir com outro ouvido o que se passa para eles no encontro com o bebê. Na ocasião desse momento de corte presentificado pela hospitalização, o nascimento poderá ser simbolizado e uma tentativa de reconstrução da história deles poderá se esboçar. Talvez, a partir daí, um canto de véu tendo sido levantado, eles retomem seu caminho de outro modo, talvez também, como evocamos, continuem um trabalho para eles num outro tempo. Esse tempo da estada na unidade parece ser por vezes angustiante demais para que, às voltas com a violência do real e sob a ameaça permanente da morte, eles possam ir mais longe.

Os bebês e sua equipe terapêutica

"Quando as mães querem adormecer filhos que sofrem de insônia, trazem-lhes não repouso, mas este movimento mesmo, sacudindo-os sem cessar em seus braços, trazem-lhes não silêncio, mas melodia, tanto que encantam os filhos."

Leis, Platão

Em certos serviços de neonatologia, as auxiliares de enfermagem são também chamadas as acalentadoras; são elas que têm por missão, além dos cuidados habituais, "encantar" os bebês. Elas os conhecem bem, sabem com freqüência dizer o que eles sentem, o que querem, falam mais facilmente do caráter ou dos hábitos deles do que falam os médicos. O ritmo da respiração, a insistência do olhar, o desejo de retraimento ou de evitação são imediatamente identificados. No momento da toalete, pode-se às vezes brincar e, apesar da carga de trabalho, elas gostam de conversar um pouco com eles. Dão um banho mais longo naquele que parece sentir mais prazer nisso, são mais rápidas com aquele outro que se mostra angustiado. Esta cumplicidade que elas sabem criar com a criança é extremamente preciosa. O médico-chefe diz de bom grado que é muito atento às suas observações, quando mostram preocupação com uma criança que não mama bem ou que é quieta demais. Esta sensibilidade sempre pertinente completa de outra maneira o exame médico do bebê. Pudemos apreciar, durante todos estes anos com elas, as possibilidades que têm de tornar vivo o serviço. O estado de espírito dos membros da equipe é importante para as crianças. Com Brazelton: "Temos de reconhecer que os bebês são extraordinariamente sensíveis aos humores daqueles que os atendem e que isso se traduz em seu comportamento... os efeitos do rosto impassível... deixam poucas dúvidas a este respeito[7]".

A experiência do "rosto impassível" é bem célebre no campo da experimentação do lactente; Brazelton foi o primeiro a ter estudado os efeitos das expressões do rosto das mães sobre seus bebês.

A cena se desenrola da seguinte maneira: a mãe de um bebê entre um e três meses, que brinca com ele, deve brutalmente apresentar um rosto impassível. O bebê franze as sobrancelhas, se agita, tenta fazer a mãe reagir e restabelecer a comunicação. Em desespero de causa, desfaz-se, encolhe-se completamente e, no final da experiência, impotente em atrair de novo a atenção da mãe, "desliga-se" totalmente do meio. Devemos notar a dificuldade que as mães dizem encontrar, quando lhes pedem para reatar o contato, e o desamparo em espelho com o bebê no qual aquela experiência as mergulhou: "Eu tinha a impressão de que estava abandonando meu bebê, sentia-me como que arrancada dele, como se perdesse uma parte de mim mesma. Sentia-me sucessivamente triste, furiosa, desesperada, nunca mais quero passar por isso[8]". A mãe leva tempo para se recuperar e para recuperar seu bebê pela fala. Ela leva tempo para remeter-lhe sua imagem. Indispensável efeito especular antes do espelho. A adequação entre os dois é necessária, senão o bebê desaba. Ele procura o desejo da mãe e a mãe procura o desejo de seu filho. Ela lhe remete como que em espelho a prova de sua existência. Sem isso o bebê não pode "ser". Mergulha no desespero e no desamparo. Cai indefinidamente, como dizia Winnicott, e leva tempo para aceitar reatar a relação. As crianças hospitalizadas, se lidassem durante toda uma parte do dia com "rostos impassíveis", não poderiam estar no mundo e evoluir normalmente.

---

[7] T. Berry Brazelton e B. Cramet, *Les Premiers Liens*, Paris, Calmann-Lévy, Stock/Laurence Pernoud, 1991, p. 175.

[8] Ibid., p. 139.

É importante ressaltar que um grande número de crianças, hospitalizadas durante muito tempo ao nascerem, evoluem psicologicamente muito bem. As dores e as dificuldades de uma hospitalização não devem ser associadas a um risco sistemático de desenvolvimento patológico. Tampouco se deixar levar a pensar que todas essas crianças que sofreram isso guardarão, ao crescerem, marcas indeléveis. Tudo dependerá das condições de sua estada na unidade.

O que vai ser operante é o sentido que tomará para a criança essa hospitalização. A perturbação biológica que atravessa o bebê não acarretará obrigatoriamente uma perturbação simbólica[9]. O que guardarão dessa passagem em reanimação? Furos no corpo? Carências afetivas? O que acontecerá com o destino das pulsões? Pode-se furar o corpo se não se fura o simbólico. Se não tiver havido "furo" em suas histórias, se suas referências significantes tiverem sido respeitadas, não haverá catástrofe. Dois elementos parecem essenciais:

– que a equipe seja simbolicamente "uma" (ainda que haja várias enfermeiras) no desejo de curar a criança. Este desejo não deverá ceder, caso contrário a criança, como diz Freud, facilmente raptada na perversão do adulto e já predisposta a ser "um brinquedo erótico[10]", se tornará um objeto da ciência ou um objeto a ser tratado sadicamente. A função da equipe será de desejar fazê-la viver autônoma, sem nunca considerá-la a não ser enquanto sujeito. É esta referência que dará sentido à hospitalização do bebê. A coerência da equipe prevenirá os riscos de furos.

– Por outro lado, é preciso poder falar com os pais sobre esse corte que entra à força em suas histórias. Tirar proveito desse tempo para tentar redistribuir as cartas de outra maneira. Esse trabalho, se é o do psicanalista, é também o trabalho da equipe. A importância do "acolhimento" desta, o respeito pelas diferenças e pelo ritmo de cada um serão essenciais. O bebê se fabricará, pensará, seu fantasma se construirá a partir do mundo interno de seus pais e daqueles que cuidam dele.

Ainda bem que os membros da equipe estão vivos! Assim que as condições de saúde dos bebês permitem, eles fazem questão de entrar em comunicação com eles. Sabem, como diz Platão, que as crianças precisam de movimento e melodia, de vida a seu redor.

---

[9] G. Raimbault, op. cit..

[10] S. Freud, "Sur le plus général des rabaissements de la vie amoureuse", in *La Vie sexuelle,* op. cit., p. 57.

A melodia das palavras, o ritmo da voz das mães e das canções de ninar dirigindo-se a eles, naquela entonação tão particular chamada *motherese*, interessam muito mais os bebês que o tom de voz normal de um adulto virando-se para outro adulto. Eles não só gostam da melodia das palavras, mas precisam também, tanto quanto do oxigênio trazido pelo aparelho ou da sonda gástrica que lhes dá leite.

Lembrem-se do berçário de Frederico II, em 1190. Guite Guérin nos fala dele em sua introdução a *La Clinique du réel*[11] [A clínica do real]. Para conhecer a língua que falariam espontaneamente as crianças, a língua de origem dos seres humanos, Frederico II retirou quarenta bebês de suas famílias. Encarregou mulheres de nutri-los, lavá-los, mas proibiu-as de conversar com eles, de fazer-lhes carinhos, de dirigir-se a eles. Tampouco deviam falar entre si; as crianças nunca ouviram uma melodia, nunca um som vindo de uma voz humana. Frederico II esperava que, na idade da linguagem, as crianças, pondo-se a falar naturalmente, revelariam assim o segredo da língua de origem. Além de nunca terem tido acesso à linguagem, todas as crianças morreram antes da idade de oito anos.

Falar com uma criança e estar à sua escuta passa pela atenção dada a seu corpo e às emoções que ela provoca em nós. As enfermeiras preocupam-se bastante em tentar decifrar os apelos do bebê e em lhe proporcionar o máximo de conforto possível. São atentas aos ruídos que poderiam perturbá-lo, aos odores que poderiam desagradá-lo. Conhecem até o gosto dos medicamentos que lhe dão. Tentam, ao se porem "no lugar" do bebê, compreender o que o incomoda ou que poderia lhe trazer bem-estar. Suas atitudes na incubadora, aquela maneira que ele tem de se assustar quando fazemos barulho a seu lado, suas reações, suas mímicas, seus olhares, tudo fará signo. Não tinham elas notado num certo ano que um produto de limpeza de cheiro diferente do cheiro habitual havia perturbado os bebês já acostumados ao ritual da manhã? Elas sabem que um bebê que chora pode ser reconfortado se o trocarem de posição, se lhe permitirem por exemplo dobrar as pernas, não ficar sempre amarrado e esticado. Assim que as condições de saúde permitem, elas põem tudo em ação para que os bebês se sintam bem.

Esse tipo de atenção pede não que se esteja numa posição de observador, mas, ao contrário, deixar-se "capturar" na relação com a criança, aceitar que

---

[11] G. Guérin, Introduction à *La Clinique du réel*, op. cit., p. 9.

haja uma interação, uma troca. Para ser continente, é preciso poder dar algo de si mesmo. É isso que nos parece essencial nesse laço da equipe com os bebês.

Todas as expressões, as manifestações do corpo são identificadas, as emoções reconhecidas e transformadas em palavras pelo membro da equipe que tiver identificado seus apelos e que permitirá à criança começar a se sentir viver, não só porque seu corpo terá sido reanimado, mas porque ela começará a existir e se elaborará o início do pensamento.

As sínteses

Várias vezes por dia, uma visita acontece no serviço. Ao pararem junto de cada incubadora, os médicos acompanhados das enfermeiras analisam a situação dos bebês, sua evolução, as eventuais modificações do tratamento ou as prescrições de exames. A "troca" é assim passada de um médico de plantão a outro, além do caderno do bebê onde são escrupulosamente anotados todos os detalhes do atendimento e cada parâmetro da evolução. Esta visita, tendo em vista a carga de trabalho do serviço, embora extremamente precisa e meticulosa, deve ser rápida e não deixa tempo para dirigir-se ao bebê ou para falar dele a não ser em termos técnicos. Uma segunda visita é, durante o dia, proposta à equipe. De incubadora em incubadora, dirigimo-nos ao lactente e falamos com ele. Pouco a pouco, os membros da equipe "intrigados" vieram, em número cada vez maior, acompanhar essa visita diferente. Falamos então, entre nós e com o bebê, de sua história, de sua família, de sua maneira cada vez diferente de estar com a equipe, de viver sua hospitalização.

Por outro lado, instauramos uma síntese semanal em que todos, do médico-chefe aos auxiliares de enfermagem, são convidados em função de suas possibilidades e de suas obrigações. Por ocasião dessas reuniões, falamos dos bebês, dos problemas que apresentam para a equipe, de suas histórias, de suas reações, por mais ínfimas que sejam, que nos permitiriam compreendê-los e responder-lhes da melhor forma possível. Tentamos juntos falar "do ponto de vista do bebê". Cada criança deve lutar pela vida, num novo meio para o qual não está preparada nem fisiológica, nem emocionalmente. Existem tantas respostas possíveis para essa situação quanto existem bebês. A extrema dificuldade para a equipe será por conseguinte, sem deixar de levar em conta os cuidados e os tratamentos indispensáveis à sobrevivência do bebê, levar em conta igualmente seu sofrimento, o que ele tenta nos dizer, sua linguagem que passa quase sempre por seu corpo e que temos que entender de uma maneira decerto médica, mas também como um endereçamento ao outro que solicita uma resposta de outra ordem que unicamente mecânica.

Não é fácil ter, por exemplo, que aspirar um bebê, o que é um gesto muito desagradável para ele, sem deixar de levar em conta seu mal-estar e o desamparo que ele sente nesses momentos. Essa atenção suplementar pedida às enfermeiras é um exercício extremamente difícil por ser ansiógeno e requerer, além disso, uma sobrecarga de trabalho. Para estar à escuta do prematuro, o membro da equipe deve sofrer *a minima* da doença que Winnicott chama a "preocupação materna primária", sem que no entanto esta preocupação torne o gesto incerto, o que aumentaria mais o desconforto do bebê. As enfermeiras, falando do bebê em outros termos que os termos técnicos, que são por vezes de uso defensivo, são levadas a falar de si mesmas, de suas próprias reações, de seus filhos ou de sua infância. Se a escuta das dificuldades deve ser atenta e benevolente, nunca nenhuma interpretação, que derivaria aqui da pura selvageria, será autorizada. Das sínteses participam também membros da equipe da maternidade, obstetras, enfermeiras, psicólogos, que vêm falar conosco dos bebês e de suas famílias. Algumas vezes, convidados juntam-se a nós. Catherine Dolto-Tolitch veio nos ajudar a pensar o acolhimento que podíamos propor aos recém-nascidos. Alain Vanier nos falou de sua experiência com as mães psicóticas que fora levado a encontrar.

Não estamos em condição de avaliar e ainda menos de julgar os propósitos ou as reações dos membros da equipe, mas, juntos no mesmo barco, buscamos com eles as idéias, as atitudes que nos permitiriam juntos melhor compreender tal ou tal bebê e responder-lhe da maneira mais pertinente.

Tal criança está nervosa nestes últimos dias e não pára de chorar, tal outra desvia o olhar e parece fugir de nossa presença, tal outra ainda parece lutar contra o aparelho de que no entanto precisa, ou contra os cuidados que devemos lhe dar.

Tentamos então sempre situar por quê. Talvez estejamos menos atentos a esta, talvez estimulantes demais com aquela outra; problemas apareceram nas últimas visitas dos pais?

Aquela criança mais que tal outra provoca a agressividade do serviço, a simpatia ou a antipatia? A equipe tenta sempre compreender de quais mecanismos de projeções ou de quais conflitos no serviço ou com os pais o bebê arriscaria ser a vítima. É também por ocasião dessas sínteses que trabalhamos textos de psicanalistas, de cognitivistas, de neurologistas e de lingüistas que falam dos conhecimentos atuais sobre as competências dos bebês. A referência ao texto funciona como terceiro; não se trata de um saber "superficial", mas de permitir uma luz diferente que nos questionará de outro modo sobre as histórias que estamos vivendo e que são diferentes para cada criança. Por exemplo, um trabalho como o de Sylvia Ferreira[12], sobre as "variações da fala", ainda que se apresente de forma experimental, pode fazer com que nos interroguemos de outra maneira. Ela descreve esse momento muito sutil, que se situa entre dez e dezesseis semanas de vida, quando a mãe se dirige ao bebê respeitando um turno de fala. Ela conversa com ele e lhe dá tempo para responder. O que ela lhe diz é influenciado pela resposta do bebê. Tudo participa dessa troca: o olhar, a expressão do rosto, o tom da voz. A linguagem dos signos visuais é importante, como se o que interessasse o bebê fosse também o que havia a ser "visto" na linguagem.

A organização cognitiva da criança dependerá mais tarde, conforme essa experiência, do respeito por esse *turn talking*. Esse tempo privilegiado iniciará algo na elaboração da fala e certamente na emergência do sujeito. Trata-se, para aquele que fala, de saber esperar. Nessa espera se situa algo de uma separação. Esse primeiro tempo é o que Colwyn Trevarthen chama "a protoconversa[13]". Tudo se passa, com efeito, como se a mãe, ao lhe dar um turno de fala, questionasse seu bebê: você deseja meu desejo? Não é tanto o fato de que a mãe fale, mas de que o desejo de um possa se articular ao desejo do outro que nos parece importante para fazer com que a criança construa uma comunicação. Não basta falar com um bebê, é preciso ainda dar-lhe tempo para responder; mas será que respeitamos sempre este tempo? Não se trata de despejar sobre a criança um fluxo de palavras obrigatórias feito um gravador, é preciso ainda dar sentido à fala, aceitar-lhe os cortes e as escansões; para falar é preciso ser dois, ter aceito separar-se do outro. Trevarthen demonstra cientificamente que o bebê de vinte minutos busca apenas comunicar-se com o outro. Ela já está

---

[12] S. Ferreira, Communication aux Journées d'études Association freudienne-Espace analytique, *Paroles et champ du langage chez le nourrisson*, Paris, Hospital Sainte-Anne, 22 de março de 1998.

[13] C. Trevarthen, "Signs of motivation for speech in infants", in *Early Speechs. Basings Toke*, Hampshire MacMillan, 1986.

coordenada. Suas mãos exprimem suas emoções. A troca de sentido é vital para ela; este pedido de comunicação, Trevarthen chama-o "o motivo": a pulsão da criança em querer comunicar.

Aí ainda, é surpreendente notar que essas pesquisas em voga hoje em dia confirmam as intuições dos psicanalistas que, há vinte anos, vêm trabalhando com bebês. Françoise Dolto, já assinalamos, foi a primeira a tentar, já lá se vai muito tempo, convencer-nos do que já era para ela uma evidência. Será que porque não havia nem curvas, nem gráficos, nem computadores, sua mensagem tinha tanta dificuldade em ser ouvida?

Durante as sínteses, o tema que volta com mais freqüência é o da separação. A problemática do luto está constantemente presente numa equipe como esta. As crianças estão quase sempre em perigo de morte, pelo menos durante os primeiros dias de sua entrada no serviço.

Quando se curam, às vezes após longas semanas, deixam o serviço com os pais. A equipe deve fazer seu luto de ser uma boa mãe todo-poderosa que daria a vida aos filhos. É a este preço que um lugar pode ser dado às mães no serviço. Este fantasma não é tão fácil de ser superado e cada reunião nos levará, de um modo ou de outro, a nos interrogarmos novamente a este respeito.

Algumas das crianças nascem no anonimato, o que quer dizer que trazem apenas três nomes próprios, quase sempre dados pela obstetra, são confiadas à *Aide sociale à l'Enfance* [Assistência social à infância]. Ficarão conosco o tempo de estarem fora de perigo; em seguida irão para o berçários ou para a ama, esperando o dia em que poderão ser recolhidas por uma família adotiva.

O investimento da equipe parece então ser diferente. Quem não tem em um momento ou outro o fantasma de levar para casa esse bebê abandonado? A vocação de boa mãe adquire então toda a sua extensão. Ao sair da incubadora, o bebê está quase sempre nos braços de alguém, sua partida é mais dolorosa. Achávamos que era cheio de qualidades, calmo, apegado, mais esperto que os outros. Tudo se passa como se a ausência da mãe de nascimento nas horas de visita permitisse investir esse bebê de modo bem diferente.

Um dos projetos que foi elaborado em reunião de síntese foi a realização de um livro onde são coladas as fotos do bebê, de seu nascimento ao sair da unidade. Sua história entre nós é contada: sua evolução médica, mas também seus hábitos, seus gostos. São tiradas fotos dele no colo de suas enfermeiras preferidas. Este livro é dado ao bebê e vai seguir com ele até em sua família adotiva.

Foi preciso trabalhar muito para que fosse decidido de comum acordo falar dos pais de nascimento e da mãe que o havia "confiado" à *Aide sociale à l'Enfance* [Assistência social à infância].

Cada membro da equipe, na última página, escreve de seu próprio punho uma palavrinha de adeus ao bebê: "Pense em nós algumas vezes", "Sempre guardaremos você em nossos corações", "Você era o bebê mais bonito do mundo". Estas poucas dedicatórias mostram sempre o grande investimento afetivo da equipe nos bebês; este livro intermediário entre a criança e a equipe é igualmente importante para os dois.

No caso dos bebês anônimos, parecia possível que esse investimento fosse expresso. Foi decidido em síntese confeccionar livros como aqueles para outros bebês que permaneceriam muito tempo no serviço a fim de que levassem consigo, da equipe, no momento da separação, algo que de toda forma levavam antes, mas sem que palavras pudessem simbolizá-lo.

A equipe e os pais: *a respeito da transferência*

Por ocasião da reunião de síntese, os membros da equipe falam também dos pais. Não há atualmente, nos serviços de reanimação para adultos, uma autorização de visitas que corresponda ao que acontece com os lactentes. Só os bebês se beneficiam da presença dos pais durante todo o dia. A honra desta diferença cabe aos reanimadores de neonatologia. Com efeito, o que é mais difícil do que trabalhar sob o olhar do pai e da mãe? O que é mais complicado do que tomar por vezes decisões urgentes, necessitando de gestos às vezes bruscos, tentando, ao mesmo tempo, mais ou menos responder às mil perguntas feitas pelos pais? Trabalhar na presença deles coloca múltiplas questões, mesmo fora de situações dramáticas.

Mas se os médicos aceitam essa dificuldade suplementar é porque sabem que os pais podem ajudar consideravelmente na cura do bebê, da mesma forma que o bebê pode ajudá-los a transpor o limite dessa dolorosa prova de angústia e de separação.

Romana Negri[14] fala da sensação paranóica constante que reina num serviço de neonatologia – certamente sustentada pela ansiedade, pelos riscos, pelo medo

---

[14] R. Negri, *The New Born in the Intensive Care Unit*, The Clinic Press Karnac Books, Londres, 1994.

de cometer o mínimo erro, mas também por essa sensação de estar sendo constantemente questionado pelos pais.

Se é verdade que os pais, tomados pela angústia que para eles representa a hospitalização dos filhos, são por vezes agressivos com os membros da equipe, estes por sua vez têm freqüentemente muita dificuldade de tomar um pouco de distância deles e de compreender suas atitudes dificilmente suportáveis como sinais de desespero que é essencial poder decodificar.

Sobre o pessoal, todas as projeções são possíveis: às vezes vividos como super-homens, únicos capazes de decidir a vida ou a morte, às vezes como monstros que separam as mães de seus bebês sem o mínimo sentimento de piedade.

A equipe deverá então situar que se trata aí, quase sempre, de mecanismos de defesa, de tentativas de projeção, de distanciamentos através dos quais a mãe tenta desesperadamente se reconhecer como "boa".

Outras vezes ainda, podemos situar isso ao longo dos exemplos clínicos que citamos, a fala de uma enfermeira pode ser essencial para uma mãe. As mães dizem com freqüência que preferem conversar com as enfermeiras a conversar com os médicos. Foi o caso de Françoise Loux. No relato apaixonante de sua experiência de mãe que deu à luz o pequeno Valentin nascido prematuramente, ela dá seu testemunho: "Sempre gostei de conversar com as enfermeiras... de que adianta buscar contato com os médicos, torturá-los, ou nos torturarmos proibindo-lhes de falar de futuro e de nomear a morte... as enfermeiras ajudaram-me a sentir-me em casa naquele hospital onde tanto amor e calor cercaram a vida cotidiana de meu filho. A ternura delas chegava a esconder os neons, o barulho dos aparelhos, o branco[15]".

As enfermeiras tranqüilizam as mães, autorizam-nas a ver o bebê, permitem conversas mais "leves" e a cumplicidade. As mães com freqüência preferem conversar com as enfermeiras a conversar com os psicólogos do serviço, com quem se sentem menos livres, julgadas, e que sobretudo não têm contato direto, corpo a corpo, com o bebê. É do bebê delas que querem falar, não delas, não, em todo caso, num primeiro tempo.

Em síntese, permitimos à equipe, ao falarmos dos pais, não só melhor situar em que mecanismo de transferência estão capturados, mas também esclarecer com uma luz diferente sua própria transferência em relação a estes pais. Falar

---

[15] F. Loux, *Une si longue naissance*, Paris, Stock/Laurence Pernoud,1991, p. 60.

da história do bebê e dos significantes familiares nos quais ele veio ao mundo dá ao conjunto do pessoal a possibilidade de escapar um pouco dessa idéia de "norma" que está tão presente nos serviços onde são acolhidos mães e filhos e que não deixa, por vezes, de fazer estragos. Uma "boa mãe", um "bom pai" devem ter uma atitude bem precisa: estarem presentes, serem compreensivos, fazerem perguntas, mas não em excesso. Não devem ter medo do bebê, aceitar tocá-lo, trocar-lhe as fraldas, falar com ele, vir nas horas em que isso não perturba e de preferência mostrarem-se reconhecidos pelo trabalho efetuado.

Trabalhar com a equipe terapêutica permite que entendam que uma boa mãe pode recusar entrar no serviço se pensa, por exemplo, prejudicar seu filho por se aproximar dele, que um bom pai pode recusar trocar uma fralda, mas ameaçar ser agressivo com um médico que não teve tempo de responder a uma de suas perguntas.

É importante em síntese que os membros da equipe avaliem o atendimento que devem fazer não só dos bebês, mas também dos pais. Quais são, com efeito, as referências da equipe com respeito aos bons ou aos maus pais? Remetidos à infância, as referências são forçosamente subjetivas, marcadas pela história deles, tomados no recalque.

É a este preço muito elevado, já que representa um importante aumento de trabalho e todo tipo de questionamentos pessoais, que o bebê poderá, ao deixar a unidade, reencontrar pais que terão continuado a ser os seus.

Parece-me essencial que a equipe, bem entendido, não se identifique com "bons pais", da mesma forma que não caia no mito do nascimento feliz em que filho e pais deveriam fazer um só. Por outro lado, o papel principal da equipe será de trabalhar como terceiro. No tempo desta separação, deverá elaborar-se para a mãe sua maternidade. A equipe terá um papel primordial nesta elaboração.

Ela terá de fato que "renunciar", caso contrário as mães guardarão em relação ao filho este sentimento de estranheza com tanta freqüência expresso: "Ele não vai me reconhecer ao voltar para casa, eu não o reconhecerei tampouco, não serei eu quem o terá criado".

Se tudo correr bem, se, renunciando a uma moralidade normalizante, dermos tempo às mães de encontrarem seus bebês, elas passarão por uma modificação psíquica importante durante o tempo da hospitalização, por ocasião da qual poderá se construir o instinto materno que não ocorre por si só, apesar das crenças ancestrais bem difíceis de serem remanejadas.

A equipe deve absolutamente aceitar que as mães e os pais possam não se sentir atraídos por seus filhos.

"Se era para lhe dar uma vida assim", diz a mãe de Sabrina, "não vale realmente a pena, seria bem melhor que ela morresse".

Diante do bebê doente, a mãe, às vezes, com seu desejo em pane, não pode mais reconhecer-se como mãe, nem reconhecer o filho como sendo o seu. Afastar-se do filho é então o único meio que lhe resta para demonstrar seu instinto materno. É preciso ainda que nesse instante ela seja compreendida e ajudada pelos membros da equipe do serviço. O saber das mães deve ser aceito, vimos no caso da mãe de Fatoumata.

São todas essas idéias preconcebidas que o trabalho da síntese virá abalar, permitindo à equipe aceitar esse papel protetor entre os pais e o filho sem ser levada a forçar o que quer que seja do lado daquilo que fantasia ser o amor dos pais. Cuidar da criança e atendê-la nesse momento em que, por razões a um só tempo médicas e psicológicas, os pais disso estão impedidos, deixando ao mesmo tempo vago o lugar que lhes cabe e que eles serão lentamente levados, se tudo correr bem, a ocupar: o lugar dos pais para esse pequeno bebê.

Não se deve em caso algum "forçar" a relação entre uma mãe e seu bebê.

Com Jade

A mãe viera ao hospital dar à luz prematuramente uma linda menina de 29 semanas, pesando 1,150 kg.

Aquela mãe vivia então há vários anos no hospital psiquiátrico, onde era rotulada como esquizofrênica; fora com um dos doentes do hospital que fizera a pequena Jade.

A criança não apresentou de imediato nenhum problema particular à equipe: prematuridade simples, sem doença pulmonar, sem complicação de qualquer espécie.

Em sua primeira visita, a mãe de Jade estava calma, sorridente, muito gentil com as enfermeiras. Seu olhar perdido e ausente mal pousou sobre Jade; ela foi para o vestiário enquanto a enfermeira de Jade lhe explicava como funcionavam a aparelhagem e a incubadora, como é de costume fazer na primeira visita dos pais. Aceitou vir a meu consultório para a primeira consulta feita sistematicamente à entrada da criança no serviço. Jade não foi o assunto. Ela me falou de sua vida no hospital, de que gostaria de voltar para lá o mais rápido possível agora que sua barriga estava normal. Falou-me também de sua mãe e queixou-se, de modo repentinamente muito presente e doloroso, do fato de que, após todos aqueles anos de hospitalização, ela nunca viera vê-la no hospital. Falamos juntas daquela ferida que manifestamente nenhum neuroléptico podia vir preencher. Disse não se lembrar da infância, depois, tocando na barriga, disse-me: "Bom, agora estou curada, quero voltar para o hospital". A maternidade havia pensado, de acordo com o hospital psiquiátrico, que um parto com anestesia geral seria desejável. A prematuridade de Jade não permitira que o bebê ficasse junto da mãe. Aquela mulher entendia então que acabava de dar à luz? O fato é que era bem de sua mãe e das visitas desta, no momento em que ela visitava a própria filha pela primeira vez, que ela veio me falar.

O hospital psiquiátrico pôs-se em contato com o serviço de neonatologia para organizar visitas regulares em que ela viria ver Jade, acompanhada de enfermeiras. Explicaram-nos que toda a equipe de psiquiatria contava muito com aquele bebê para ajudar a mãe.

A mãe de Jade antigamente havia sofrido maus tratos e, após um período de abandono por parte de sua própria mãe, com quem vivia só, fora colocada na D.D.A.S.S.* por denúncia de vizinhos.

O projeto dessa equipe era como que uma esperança de cura de uma relação mãe-filho devastadora. Como se Jade se achasse de imediato em posição de tirar a mãe da esquizofrenia.

A jovem veio regularmente ver a filha, mas não queria tocá-la. Um dia em que eu me encontrava junto dela, fui testemunha de seu pânico na hora em que uma enfermeira colocava Jade, já retirada da incubadora, em seu colo. A meu pedido, não se insistiu mais para que houvesse contato físico entre elas. Em cada uma de suas visitas, por outro lado, tentamos falar muito com Jade, com sua mãe, do sofrimento delas, para tentar levá-las a se encontrarem. A mãe de Jade gostava que conversássemos com seu bebê. Um dia, virou-se para mim e questionou-me: "O que devo lhe dizer? Minha mãe, quando vier me ver no hospital, vai falar comigo?".

Jade deixou o serviço para ir viver com uma ama e o hospital psiquiátrico, sempre com a idéia de manter laço a qualquer preço, organizou uma primeira

---

* *Division Départementale d'Assistance Sanitaire et Sociale* [Divisão estadual de assistência sanitária e social]. (NT)

visita da mãe ao bebê. Fortemente apoiado pelas enfermeiras psiquiátricas, aquele encontro transcorreu muito bem, muito melhor do que em nosso serviço. A filha ficara nos braços da mãe, esta conseguiu até dar-lhe uma mamadeira. Uma segunda visita foi combinada com entusiasmo por parte da equipe do hospital psiquiátrico, encorajada pelo que pensara ser o sucesso do primeiro encontro, para a semana seguinte; mas, na manhã mesma daquele novo encontro, a mãe de Jade matou-se jogando-se pela janela mais alta do hospital.

A história dramática de Jade fez falar muito a equipe de neonatologia. Permitiu-nos sem dúvida compreender um pouco melhor o quanto para uma mãe, esquizofrênica ou não, podia ser difícil encontrar seu filho, adotá-lo após o drama do nascimento.

A história de uma mãe pode impedi-la de criar um vínculo que só poderia ser portador de morte. Talvez possamos pensar que o "deixar cair" da mãe de Jade, repetição dramática da representação do abandono que vivera, era para ela o único meio de salvar a filha. Teria sido preciso ainda ouvi-la, em vez de pensar, para seu bem, em reeducá-la "adaptando-a" à filha.

Com Paul

Paul tinha nascido de uma cesariana de urgência: a mãe, correndo risco de vida por eclampsia, fora admitida no serviço de reanimação.

Vinte e seis semanas, 910 gramas, Paul tinha uma doença das membranas hialinas (complicação pulmonar freqüente nos prematuros) que obrigou os médicos a ventilá-lo. Seu pai veio, é claro, vê-lo sozinho no primeiro dia no serviço de neonatologia. O pai de Paul era jovem e estava extremamente preocupado por ter de correr entre dois serviços de reanimação.

"Não sei", dizia-me, "qual dos dois vai morrer primeiro, ou talvez os dois, é terrível".

Algum tempo depois foi tranqüilizado quanto ao estado de saúde da mulher, mas ela devia ainda ficar hospitalizada. Dedicou-se então, por inteiro, a Paul. A equipe citava aquele pai como exemplo. Era tão diferente dos outros... Aceitava sem problemas, enquanto que tantos pais são reticentes, cuidar do bebê, trocar-lhe as fraldas, fazer as massagens a óleo. Tornara-se, diziam as enfermeiras, mais hábil do que os mais experientes do serviço em ouvir e situar os barulhos dos sensores, em assinalar as diferenças de saturação, em nos falar do que o bebê podia sentir, um pai ideal para a equipe: sorridente, confiante, cooperador.

Em entrevista comigo, falou-me longamente de sua própria infância, dos quatro irmãos e irmãs de que era o primogênito e que havia criado. Só ele era capaz de substituir a mãe junto deles; seu pai, em compensação, nunca cuidara dos filhos. Guardou com a mãe um vínculo muito forte. "Pareço muito com ela", dizia, "ao passo que hoje não vejo meu pai, que está separado de minha mãe. Não sei realmente como é um pai, mas creio que está bom assim, pois faço tudo como as enfermeiras; elas parecem estar contentes comigo". O pai de Paul queria realmente ocupar aquele lugar maternante junto ao filho? A isso estava forçado por sua história? Ou pelas circunstâncias do nascimento do bebê e pela atitude da equipe?

Para ser um pai, um homem deve também dar um lugar à mãe que está nele. A identificação parental repousa em primeiro lugar sobre uma identificação materna. É bem este risco de feminilização que preocupa quase sempre os pais e que lhes faz dizer que se sentem estranhos ao bebê. Protegem-se assim do risco de se verem regredir, pelo viés das identificações precoces, à imagem da mãe. Para resistir a essa mulher todo-poderosa, dotada de poderes extraordinários, o homem deverá mostrar uma virilidade de princípio. Tudo fazer para não parecer com ela. É uma fragilidade dos homens que se deve também poder respeitar, ainda que os membros do serviço não aceitem facilmente que os pais se protejam assim de seu bebê. Eles valorizam muito aqueles que se entregam à maternagem com entusiasmo. No entanto os pais, por vezes, devem se defender contra o desejo de gravidez que identificamos freqüentemente nos meninos de três ou quatro anos. Existem muitos meninos que, por ocasião do nascimento de um irmãozinho ou de uma irmãzinha, apresentam, por exemplo, sintomas de retenção de fezes, temendo e esperando a um só tempo ter, como a mãe, um bebê na barriga. Na hora de se tornar pai, esse menino ressurgirá e o homem adulto viverá sua paternidade ligada ao que terá outrora vivido de sua castração. Não se pode ser a um só tempo menino e menina. Se a menina deve renunciar ao pênis (renúncia aliás suavizada pela promessa de filho), o menino, por si, deve um dia renunciar a ter um bebê na barriga.

Os partos prematuros em que a mãe e o filho estão em perigo fazem bascular novamente os pais nos tormentos da castração e das identificações impossíveis.

O homem, como quando era pequeno, ao sair do complexo de Édipo, deverá de novo, com esse nascimento, passar da relação dual à relação triangular. Sabemos as dificuldades disso.

Alguns vão fugir da unidade, sentem-se em perigo, não querem se aproximar do bebê. Outros, ao contrário, monopolizarão o lugar maternante junto do filho.

A equipe não pode encorajar uma maneira de ser ou outra. Pode, porém, estar suficientemente atenta para que o pai não se sinta "obrigado" por um eventual julgamento sobre ele a tomar um lugar que não seria o dele, buscando assim um reconhecimento que não pode encontrar.

Bem rápido, o serviço preocupou-se com o fato de a mãe de Paul vir vê-lo pouco. Ela, no entanto, saíra do hospital já há algumas semanas. Paul não estava mais ventilado, não ia demorar a passar para o leito e a mãe, que deveria ter ficado tranqüila com aquela nítida melhora, não vinha sempre ou muito pouco.

Quando recebi a mãe de Paul pela primeira vez, ela me disse ter tido muito medo, mas sentir-se agora bem restabelecida de seu parto. Não se sentia deprimida. Não há, como já sublinhamos, *baby blues day* em serviço de neonatologia. Este dia de depressão bem conhecido das maternidades, as mães parecem não atravessá-lo quando seu bebê está hospitalizado em reanimação. Para ficar deprimida, é preciso ainda ter tido aquela sensação de perda, ter sido preenchida e sentir-se de repente vazia e abandonada.

Para essa mãe, a urgência na qual ela se achara por ter de salvar sua vida a afastara ainda mais de uma tentação depressiva. Não sentia raiva de Paul pelas graves complicações ligadas a seu nascimento, mas não sabia por que ainda lhe parecia acima de suas forças cuidar dele. "De qualquer modo", dizia, "não preciso me preocupar; meu marido fará tudo melhor do que eu, Paul não precisa de mim". Sua própria mãe morrera de câncer alguns meses após ela nascer. Aí ainda a repetição estava em ação e, quando Paul começou a vomitar sistematicamente todas as suas mamadeiras sem que um refluxo verdadeiro fosse descoberto, a equipe preocupou-se realmente com o estado psicológico da mãe.

Foram necessárias numerosas entrevistas comigo em que ela falou longamente de sua infância, assim como a extraordinária paciência da equipe que a levou lentamente a sentir-se melhor no serviço, a nele encontrar seu lugar.

Quando as enfermeiras perguntavam: "Como a senhora acha que Paul está hoje?", o pai, antes que ela respondesse, afirmava: "Está cansado", ou mesmo: "Ele é tônico, ele vai bem". Foi preciso tempo para conseguir que aquela mãe, sem ficar em perigo, aceitasse identificar-se com a criança. Foi preciso tempo para tentar fazer o pai entender que sua mulher tinha realmente necessidade dele para autorizar-se a ser uma mãe para seu filho. Mãe e filho voltavam de longe. Precisavam ressuscitar um para o outro, retomar um difícil caminho para a vida para poderem se encontrar.

Como sublinha D. W. Winnicott, é preciso ainda que a mulher se sinta suficientemente protegida para autorizar-se a sofrer a preocupação materna primária.

Lentamente a equipe pôde, falando em reunião de síntese, desligar-se da fascinação que sentia pelo pai para levá-lo a cuidar da mulher e ajudá-la enfim a superar o horror da repetição na qual se achava aprisionada, tanto quanto o marido.

Nora: *a lactente caracterial*

820 gramas, vinte e sete semanas, as horas que se seguiram à entrada de Nora no serviço foram particularmente carregadas de inquietude e atenção. Aquele bebê minúsculo mobilizou a equipe e, como sempre com crianças tão prematuras, o prognóstico devia ser repensado de hora em hora. Ia ela viver? Seu cérebro resistiria àquela brutal mudança de meio? A vida aeróbica seria possível para ela?

No momento do parto, a mãe contou-me mais tarde que uma obstetra lhe teria dito: "Não tenha nenhuma esperança, ela é pequena demais, certamente vai morrer". No entanto, apesar de seu aspecto tão frágil, Nora lutava contra a morte com uma espantosa vivacidade.

Um dia, falei com Françoise Dolto de meu espanto diante desses bebês tão pequenos que já parecem ter, cada um, sua maneira diferente de estar no mundo e que podem, embora sofrendo das mesmas dificuldades, deixar-se morrer ou lutar desde o nascimento com uma força de vida espantosa.

"Esta força", ela me respondeu, "lhes vem de muito antes do nascimento, do momento da gravidez, talvez até da força do desejo dos pais no momento da concepção; o desejo de viver ou de morrer está sempre ligado à história do sujeito, esta história o precede, algumas vezes, até de várias gerações".

A mãe e o pai de Nora ficaram extremamente impressionados na primeira visita. Como uma criança tão pequena poderia viver? "Não é bom nos apegarmos a ela por enquanto, se não sobreviver será duro demais para nós". E, após aquele primeiro encontro, não voltaram mais nas horas de visitas durante várias semanas.

Quando recebi a mãe de Nora, ela me explicou o quanto estava preocupada. Aquele bebê lhe dava medo. Ela já era mãe de um menino prematuro também, mas que sofria, além disso, de uma síndrome de Di George e de pé torto congênito, que exigiam um atendimento constante e numerosas sessões de reeducação. A mãe falou-me das dificuldades que tinha com o filho e de que não desejava ver-se confrontada com os mesmos problemas com a filha. Por mais que lhe explicássemos que Nora não sofria de nenhuma doença a não ser sua extrema prematuridade, a mãe, esgotada pelas dificuldades que encontrava, não conseguia repetir outra coisa a não ser seu desejo de vê-la morrer o mais cedo possível.

Evidentemente, as informações dadas pelos médicos são sempre as mais próximas possíveis da verdade, mas os pais ouvem o que podem ouvir. É através de todos os prismas deformantes, da repetição, do fantasma e das crenças que os pais reinterpretam as falas dos médicos e que sua versão insiste. É desta versão que lhes damos a possibilidade de falar durante a consulta com o analista. É também à sua maneira, nesse papel de mediação, que a equipe pode encontrar seu lugar entre os pais e os filhos.

A mãe de Nora por certo não queria reviver com a filha o que havia conhecido com o filho. Mas, como me explicou durante uma de nossas entrevistas, como fazer contra a maldição?

Sua mãe tinha tido, antes de seu nascimento, um menino deficiente que morreu com três anos e uma menina morta algumas semanas antes do nascimento. Ela chegou como terceira, viável e em boa saúde. Identificada a essa mãe, estava persuadida de que a história só podia se repetir. Era a sua maneira de ser mãe. "Na família, pagamos sempre com duas crianças e depois funciona". Aonde remontava aquela crença? Quais eram suas razões? Ela mesma ignorava. O fato é que a equipe teve de suportar a ausência da mãe de Nora nas visitas durante longas semanas.

O bebê, que havia declarado uma doença das membranas hialinas, teve que permanecer no serviço durante oito meses: entubado, ventilado, não podia ficar sem o aparelho.

Muito rápido, Nora apresentou na unidade outros problemas que os problemas médicos. Mostrou-se rapidamente exigente com as enfermeiras, reclamando a presença delas junto de si, repelindo-as quando vinham lhe falar.

Com efeito, após um período de grande passividade no primeiro mês de sua hospitalização, Nora deu à equipe a sensação de que ficava com raiva, de que se rebelava. "Ela é caprichosa e autoritária", disse-me um dia um interno, "não podemos entrar no jogo dela".

Os "caprichos" de Nora

Os dias que eu passava junto de Nora permitiram-me compreender um pouco melhor o que havia naqueles caprichos. Na ausência dos pais, vimos que a equipe se mobiliza sempre um pouco mais junto da criança. Nora, que havia chamado a atenção da unidade no primeiro mês de vida pela gravidade de seu estado e por sua solidão, não parecia decidida a que esquecessem sua presença posteriormente.

Foi por volta dos três meses de idade que começou a se manifestar através de raivas terríveis em que se debatia, tentava arrancar os diferentes aparelhos ligados nela e, em desespero de causa, punha-se a sufocar. Sofrendo de displasia bronco-pulmonar, era presa de espasmos assustadores. Ficava azul e parava de respirar. Todos os alarmes se desencadeavam então e a equipe se precipitava sobre seu berço. Muito rápido as enfermeiras começaram a temer aqueles espasmos espetaculares. "Desta vez pensei mesmo que ela fosse morrer nas minhas mãos", diziam-me elas a cada vez.

Nora fazia pesar assim uma terrível ameaça sobre a equipe; a cada cuidado, a cada respiração, era grande o risco de ver se agravar o estado daquela criança.

Um dia, uma enfermeira explicou-me que a cada novo bebê entrando no serviço, isto é, cada vez que a equipe se mobilizava, se preparava de urgência, Nora desencadeava seus alarmes. "Ela sente que estamos ocupados em outro lugar, então nos chama para junto dela", dizia-me.

Em alguns meses, aquela minúscula menina, tão frágil, tinha conseguido fazer-se rotular de caracterial no serviço! Foram necessárias muitas reuniões de síntese para que aquele bebê fosse considerado de modo um pouco diferente para a equipe. Sempre que passava pela unidade, eu falava com Nora da perturbação em que ela nos mergulhava e lhe repetia incansavelmente a preocupação de seus pais, o temor de sua mãe confrontada com a repetição de sua história. Ficava perto de seu leito com a mão colocada junto de suas costas ou sobre sua barriga, falava-lhe de suas raivas, de seus aparelhos que ela não queria mais, mas que devia aceitar por algum tempo para poder descobrir a possibilidade de respirar sozinha, de brincar, de se mexer enfim. Seus olhos não largavam os meus e eu continuava a falar da dificuldade daquilo que ela vivia, de sua força desde que nascera, do que nos parecia ser uma formidável vontade de viver. Se suas raivas a ajudavam a viver, pois bem, aceitaríamos suas raivas.

Pouco a pouco a equipe, com efeito, aceitou o modo de expressão que era o seu. Em vez de tranqüilizar Nora, em vez de lhe dizer que tudo vai bem, o discurso da equipe modificou-se a ponto de aprová-la: "Você está certa de ficar com raiva, não temos muito tempo para lhe dar e sua vida de fato não é agradável".

Devagar as crises de Nora foram ficando mais espaçadas, os espasmos foram cada vez menos freqüentes. As enfermeiras tiveram a idéia de pôr um pouco de música em sua sala, os médicos aceitaram alguns brinquedos em volta do leito, a vida de Nora se humanizara um pouco.

A diferença fora provavelmente essa possibilidade da equipe de dirigir-se a ela de outra forma que com um discurso tranqüilizante. Não basta falar com uma criança, é preciso ainda lhe dizer coisas verdadeiras que são efetivamente o reflexo do sofrimento e do abandono que ela está vivendo. Aquelas falas não vêm sempre facilmente na boca dos que cuidam dela, mas são freqüentemente mais eficazes do que palavras doces de consolo que, em vez de acalmarem a criança, reavivam ainda mais sua cólera e a raiva por não ser ouvida.

Reanimar... e depois?

"Nossa opinião é que convém ao homem supor que há algo de não-conhecível, mas que ele não deve pôr limite em sua busca."

Gœthe

Certas crianças guardarão seqüelas de seu nascimento, problemas neurológicos mais ou menos importantes, ocorridos após complicações imprevisíveis da reanimação ou ainda de sofrimento fetal antes mesmo do momento do parto. O trabalho da equipe junto aos pais será, aí ainda, essencial.

A escolha dos médicos da unidade é dizer às famílias, na medida dos conhecimentos atuais, as dificuldades que a criança terá. Para os pais, o anúncio do risco de deficiência é insuperável num primeiro tempo. A equipe terá que aceitar as reações deles. Deverá suportar que neguem o prognóstico, que se mostrem agressivos ou rejeitantes. A negação será quase sempre a maneira de eles entenderem o drama. Ouvem o veredicto e logo o repelem. Freud lembra, a negação é "uma maneira de tomar conhecimento do recalcado, de fato já uma supressão do recalque, mas por certo não uma aceitação do recalcado[16]".

É desse mesmo modo que os pais recusarão acreditar no que dizem os médicos. Será preciso tempo para admitir, para que a economia libidinal se organize de outra maneira. Talvez nunca aceitem? Aí ainda, não impusemos normas. Certas histórias familiares, certas "maldições" transgeracionais farão com que os pais, na expectativa da deficiência, a levem em conta diferentemente. Alguns aceitarão esse filho, outros nunca; impossível, aí ainda, para a equipe impor uma atitude em vez de outra, diante desse drama.

Pais que decidem colocar numa instituição filhos portadores de graves dificuldades neurológicas são tão respeitáveis quanto aqueles que decidem criá-los.

De que critérios superegóicos a equipe poderia se paramentar para fazer um julgamento? O que sabemos do devir dessas crianças deficientes? Certas crianças que pensávamos gravementes lesionadas às vezes não evoluem tão mal. Outras, que parecem menos doentes, ficam muito deficientes.

As idéias recebidas devem sempre ser questionadas. A história e a evolução de cada um serão diferentes. É esta diferença que devemos sempre respeitar. Cécile, uma jovem de vinte anos, I.M.C.*, nascida com 32 semanas de gravidez, teve graves complicações de reanimação. "É verdade", nos diz ela, "vivo numa cadeira de rodas, não posso nem dançar, nem correr, nem andar. Quando vejo os problemas das moças à minha volta, penso que sou bem menos deficiente do que outros; eu, pelo menos, amo a vida".

Problemas graves podem estar ligados à prematuridade. Complicações podem acarretar a morte ou lesões cerebrais importantes. A psiquiatria tradicional, que por vezes faz de suas construções teóricas ideologias, sempre associou aos riscos de problemas orgânicos distúrbios psicológicos. Riscos menos importantes, menores, que equivaleriam a lesões mais discretas, impossíveis ainda de serem descobertos nos dias de hoje, apesar de nossos métodos sofisticados de investigação.

O perigo de tal suposição é, portanto, rotular o prematuro e as pessoas a seu redor como população de alto risco.

---

[16] S. Freud, "La négation", trad. de J. Laplanche, in *Résultats, idées, problèmes,* II, Paris, PUF, 1985, p. 136.

* Inválido motor central. (NT)

Porém, a maioria das crianças prematuras não terá problemas mais tarde. Principalmente se o atendimento do serviço de neonatologia tiver sido possível, também, em outro nível.

"Seria fácil afirmar, segundo os números, que a prematuridade só intervém como fator etiológico em alguns casos de desarmonia evolutiva importante e não lhe atribuir nenhum papel no campo da psiquiatria infantil[17]".

Seria ainda preciso provar, liberado de toda ideologia, que a própria desarmonia evolutiva está ligada às conseqüências de um nascimento prematuro.

A morte no serviço de neonatologia: *do inominável*

Durante uma reunião com alguns analistas que trabalhavam nos serviços de neonatologia da região parisiense[18], interessou-me constatar o quanto a demanda dos chefes de serviço era similar nas diferentes unidades. Eles parecem desejar que sejam essencialmente atendidos os pais que acabariam por perturbar seu trabalho. O ideal seria que os analistas cuidassem de falar com os pais quando estes criam problemas; o "psi" sendo supostamente capaz de falar melhor dos riscos, até mesmo estaria mais apto para falar da morte aos pais. O analista fica na maior parte do tempo num consultório fora do serviço: o fantasma seria também de lá afastar a morte? De livrar-se dela?

Nossa sociedade, é verdade, deixa pouco espaço para a morte. Os incessantes avanços científicos recuam a cada dia seus limites. A juventude deve permanecer eterna, os sinais de envelhecimento são anulados. As mulheres, nestes últimos anos, podem pôr crianças no mundo na idade em que outrora eram avós. Os pais são "companheiros" da mesma idade, os avós perdem seu estatuto de antigamente e os bisavós são quase sempre postos de lado para evitar a idéia de sua morte próxima, que viria quebrar o fantasma de nossa imortalidade.

Mas o que acontece com uma sociedade onde se escamoteia a morte? Por que mágica serão igualmente engolidas as origens com a doação de esperma e de óvulo?

---

[17] R. Diatkine, *Le Devenir du prématuré*, Paris, PUF, col. Psychiatrie de l'enfant, 1977, p. 114.

[18] Reunião de trabalho trimestral de iniciativa de Sylvie Gosme-Séguret, Hospital Saint-Vincent-de-Paul, Paris.

Anulação da diferença de idade tornada fora de moda, mas também da diferença dos sexos, sociedade "unissex" onde a evitação da castração, aí ainda, está em ação. Quando o simbólico não se sustenta mais, é o real que volta à frente da cena.

Veremos como o trabalho do analista em neonatologia pode justamente permitir que a morte não seja escamoteada. Françoise Loux nos diz ainda: "Assim, Valentin entrou plenamente em nossas conversas. Creio que nossa confiança a seu respeito insuflou-se nele e ajudou-o a lutar. Se ele não tivesse vivido, essa esperança voluntária não teria tampouco sido um delírio malsão. Nosso filho teria, apesar de tudo, existido plenamente, por alguns instantes. Não teria desaparecido num silêncio atroz[19]". É contra este "silêncio atroz" que toda a equipe deve se empenhar em lutar.

Há, por definição, uma contradição entre a morte e a reanimação. O objetivo mesmo da reanimação é tentar impedir a morte. Apesar de tudo, crianças morrem de paradas cardíacas irrecuperáveis, de complicações impossíveis de serem dominadas, às vezes até de morte súbita inexplicada do recém-nascido quando lhes são retirados os sensores na véspera de sua saída.

Os casos mais dolorosos para a unidade são os de falecimentos de crianças quando se decide parar a reanimação, após dias de luta encarniçada para que sobrevivam.

Quando o estado das crianças se agrava realmente, decidir renunciar a prosseguir a reanimação é sempre difícil para a equipe. Aquela criança não viveria sem eles. Que vida terá se o atendimento for prosseguido custe o que custar? É este custo que deve ser avaliado a cada vez pelos médicos. Avaliação ainda mais delicada na medida em que o estado atual dos conhecimentos científicos nem sempre permite estabelecer com precisão o "montante da fatura". Os médicos, remetidos, aí ainda, ao fantasma de todo-poder, terão de tomar uma decisão não só enquanto técnicos, mas inevitavelmente também enquanto seres humanos. Aí ainda encontrarão seus próprios limites. Devemos manter a vida a qualquer preço?

Quando cheguei ao serviço, a questão que me colocavam os membros da equipe terapêutica a este respeito estava centrada nos pais. O que lhes dizer? Como prepará-los para um falecimento que nos parece inevitável? Como lhes

---

[19] F. Loux, op. cit., p. 54.

falar de um falecimento que, ao contrário, nos surpreendeu e nos abalou a todos? Mas em reunião de síntese, após termos longamente discutido, fomos também levados a ampliar o problema sobre os efeitos que estes dramas podiam ter na equipe. Após ter admitido que um analista não tinha a solução miraculosa que permitiria livrar do sofrimento pais ou membros da equipe, a questão que se colocou foi a de criar um protocolo que permitisse um verdadeiro acompanhamento do bebê e de sua família. É tentador, num serviço de medicina, passar um pouco mais rápido diante da incubadora de uma criança que se sabe que vai morrer de uma hora para a outra. É compreensível que médicos que têm tanta necessidade de esperança e de eficiência dirijam-se mais facilmente a um paciente que se sabe que vai certamente viver.

Nosso trabalho foi de situar a importância para as crianças e suas famílias de não escamotear a morte. Uma vida de dois dias é, apesar de tudo, uma vida, tendo um início e um fim, uma história de ser humano que se inscreve em toda uma problemática familiar. Quanto mais o bebê for falado, mais lugar será dado às circunstâncias de seu nascimento e de sua morte, mais teremos nos dirigido à criança e mais os pais estarão em condição de fazer seu luto desse bebê.

Os analistas em pedopsiquiatria ou em consulta privada recebem muitas famílias que viveram um drama, quase sempre no inominável, no momento da morte de um filho. Toda a dinâmica familiar acha-se abalada e os filhos que nascem depois sofrem terrivelmente os não-ditos e o recalcado que cercam esse nascimento. Os filhos seguintes trazem e exprimem, quase sempre por seus sintomas, o luto não feito de seus pais: são filhos "fantasmas" [*fantômes*].

Antes desse trabalho de elaboração em síntese, a criança falecida no serviço era rapidamente levada para o necrotério onde os pais podiam vê-la caso desejassem. Hoje, uma sala foi especialmente preparada no serviço para que os pais possam ficar junto do filho. As enfermeiras, os médicos ou eu mesma, em função de nossas possibilidades, nos revezamos junto deles para lhes falar, responder a suas perguntas, ou ainda ficar silenciosos ou deixá-los a sós com o bebê caso o peçam. Estamos à escuta deles e percebemos bem a importância que existe para uma família de constatar que estamos nós mesmos emocionados com aquele falecimento.

Esse trabalho pedido à equipe, bem como o fato de permanecer até o último instante junto de um bebê moribundo para lhe falar, representa um esforço considerável, que só fez reforçar ainda mais minha admiração por suas competências e suas qualidades humanas. Toda vez que um falecimento ocorre agora na unidade, falamos dele longamente em síntese, não só em termos técnicos, médicos, mas em termos de afetos e de emoções, evocando a história da criança, sua maneira de estar no mundo e o que, para cada membro do pessoal, foi difícil de superar nessa separação.

Se ingenuamente alguém me pedisse para resumir o que foi para mim o mais importante de meu trabalho no SNUP[20], eu seria tentada a responder: o acompanhamento dos bebês moribundos até seu último sopro e a instalação desse quartinho, isolado, sem janelas, onde podemos, cada um de nosso lugar não só de membros da equipe terapêutica, mas de sujeitos, estar presentes, caso desejemos, junto dos pais e de seus bebês defuntos.

Falar nesse momento, com uma fala plena, ou calar-se quando a verdade do silêncio não engana pode permitir que o corpo da criança não seja só um pedaço de real. Nesse caso, o significante não faltará. Essa atitude é um verdadeiro engajamento para a equipe. A partir do momento em que podemos acompanhar crianças na morte, podemos ao mesmo tempo acompanhá-las no respeito, até a cura. É uma "cor" particular que é aqui dada, refletindo todo o estado de espírito do serviço.

Tentar simbolizar, a partir do real, dar novamente sentido e um lugar para que as coisas inomináveis tentem se dizer, eis o que resumiria para mim o trabalho de um analista em reanimação, ainda que não possamos ignorar-lhe os limites. Este trabalho não diz respeito apenas aos bebês moribundos e a suas famílias. Há inominável em cada história e no inominável se perfila sempre a sombra da morte, como sublinha Jacques Lacan: "Atrás do que é nomeado, há o inominável; é bem por ser inominável que isso está aparentado ao inominável por excelência: isto é, a morte".

---

[20] Serviço neonatal de urgência pediátrica.

Capítulo 6

Prematuramente mães

> "Quem, pois, triunfa aqui? É claramente o Desejo, o Desejo... O Desejo, cujo lugar é ao lado das grandes leis, entre os mestres deste mundo."
>
> *Antígona*, Sófocles

As mães vítimas

Ao atendermos crianças que foram prematuras, acabamos tendo que encontrar as mães. Estas têm em comum um sentimento de injustiça, a impressão de terem caído numa armadilha. Sentem-se vítimas e dizem-se quase sempre desatinadas pela fatalidade daquele nascimento. Estão no entanto bem convictas de que não podia ser de outra maneira, de que tinham inevitavelmente de passar por aquilo.

Elas acusam suas mães. Os longos períodos de esterilidade, os abortos espontâneos e os partos prematuros parecem reviver para a filha o terror de seu próprio corpo faltante.

Tornar-se mãe não é também correr o risco de, por sua vez, ser odiada? Como autorizar-se se a ternura por esse primeiro objeto de amor faltou? Se a separação em relação ao objeto foi tornada impossível? Como assumir-se narcisicamente enquanto mãe? Como, com efeito, amar esse corpo que parece tanto com o ser detestado? Como amar-lhe o fruto? A violência da mãe só é igual à desesperança narcísica na qual a filha se acha mergulhada. Carregar por sua vez uma criança quando o narcisismo se construiu em tal fragilidade é muito doloroso. São essas mães que vemos desabar por ocasião dos nascimentos, esvaziadas de qualquer substância, desabitadas. Como lembra M.-M. Chatel, não sem humor, "o que pode ser tão terrível quanto ter uma mãe, senão, talvez, pôr no mundo uma filha?".

Ferida, castrada, a filha descobre que a mãe não tem pênis; sente então raiva dela por tê-la feito à sua imagem. Reivindicação e agressividade se transformarão em auto-agressão, em automutilação, as filhas vão se voltar contra sua própria feminilidade.

Sigmund Freud, quando fala de sexualidade feminina[1], explica como a ligação pré-edipiana com a mãe virá condicionar a ligação edipiana com o pai. Antes de entrar no Édipo, como se entra num porto, a filha deverá atravessar tempestades, ondas de reivindicações e de agressividade, antes de poder "dedicar" seu amor a um homem. Às vezes, acha-se como que proibida de ter um filho, equivalente de pênis de acordo com a equação freudiana, que a poria diretamente em rivalidade com a mãe.

Com a descoberta da castração materna, a agressividade se transforma em angústia. A falta que a filha apreende se transforma então em falta de amor e reivindicações em raivas mais ou menos expressas; ela se voltará para o pai. Mas ainda será preciso, para que tudo se instale, que a primeira relação com a mãe não tenha fracassado. O narcisismo da criança toma origem na troca terna e erotizada dessa primeira relação. O objeto perdido vai ser buscado pela filha em si mesma num primeiro tempo (auto-erotismo), depois no pai e enfim em cada um de seus encontros com outros homens. Ao crescer, procurará por toda parte o que poderá vir preencher sua falta; coquetismo, maquiagem, sedução, vai querer ser perfeita, terá êxito na escola, tentará agradar a mãe por todos os meios. Tentará ser perdoada por seu gosto novo pelo pai, seduzindo a mãe, assegurando-se junto dela de que pode ainda e sempre ser amada.

Se o primeiro laço de amor foi insuficiente e se, de novo, ao sair do Édipo, se achar diante de uma mãe rejeitante, ela terá a sensação de fracassar. As falas da mãe mergulham-na no desespero, ridicularizam-na, impedem-na não só de ir para o pai, mas também para todos os outros homens. Sente-se proibida e abandonada. Rejeitada pela mãe, seu corpo gela e ela se vê presa numa armadilha. Desvaloriza-se ou então precipita-se numa terrível rivalidade para acabar autodestruidora, ou ainda, outra solução de substituição, refugia-se numa relação fusional demais, graças à qual espera desfazer as condenações maternas.

---

[1] S. Freud, "Sur la sexualité féminine", in *La Vie sexuelle,* op. cit., p. 139.

Como dizia Françoise Dolto, o único meio de escapar de um leão é ficar trepado em suas costas. A via feminina das identificações está então fechada. As mulheres devem ficar juntas, todo-poderosas. A filha se protegerá protegendo a mãe da castração. A criança se fará por partenogênese, nenhum homem será convocado, as mulheres sendo por conseguinte capazes de se autofecundarem. Cathie Silvestre nos lembra que a partenogênese é um fantasma freqüentemente encontrado: "A reprodução partenogenética deve... ser posta em relação com o desejo pré-edipiano de fazer um filho na mãe. Ele aparece também como restabelecimento de uma potência feminina que se autofecunda e se auto-engendra, domínio ilusório ou satisfação vingadora para com a potência masculina[2]". Sempre se encontra a marca dos fantasmas pré-edipianos e a questão do todo-poder. Impossível voltar-se para o pai falho. A mãe continua sendo o único objeto de amor válido, aquele com o qual se faz um só, já que além disso se é "mesmo".

Os relatos a seguir dão a palavra a essas mães vítimas, impedidas em suas possibilidades de serem por sua vez mães. Essas famílias foram-me indicadas por escolas ou pediatras e as crianças, ex-prematuras, não tinham sido "reanimadas" no serviço onde trabalho. Trata-se de testemunhos anotados ao longo das sessões de minha consulta privada, sem vínculo direto com o serviço, a não ser a prematuridade e a selvageria das forças pulsionais em ação na história de cada nascimento.

Sortilégios e maldições: *o conto de Noëlle*

Um quilo, 29ª semana e meia de gestação, Noëlle tinha nascido prematuramente, após um longo e difícil percurso para a mãe.

De visitas aos médicos a consultas a videntes, a mãe havia tentado tudo. Tinha trinta e sete anos e fora diagnosticada estéril. Estava justamente pensando em iniciar os trâmites junto à D.D.A.S.S. para um pedido de adoção quando, após nova tentativa de fecundação *in vitro*, engravidou. Já em análise há dois anos, ela tentava compreender. Por que precisava de tanto tempo para enfim ser mãe? Por que encontrava todos aqueles obstáculos, todas aquelas dificulda-

2 C. Silvestre, "La vie en ce jardin", in *Topique*, nº 43, *La Naissance, regard anthropologique*, Paris, Dunod, 1989, p. 49.

des? Contara-me sua história, sessão após sessão. Falara da infância, da ligação tão violenta que a prendia à mãe. Do pai apagado e discreto de quem tinha muito pouco a dizer e daquele homem com quem fizera um filho.

"Este filho", dizia, "eu não o queria forçosamente com ele, ele ou um outro para mim era igual, eu queria ser mãe".

Ao longo de uma sessão lhe voltara a história do "Pequeno Polegar". "Quero um filho", dizia a mulher, "ainda que seja tão pequeno quanto um polegar". Ela foi atendida e o Pequeno Polegar veio ao mundo. Era minúsculo, marcado pelo voto de sua mãe, conforme ao que ela desejara.

Assustadas com seu todo-poder, as mães têm medo de ter a última palavra sobre a conformação do feto.

"É mágico", dizia ela, "o nascimento de Noëlle é maravilhoso como um verdadeiro conto de Natal". Ela queria um filho a qualquer preço e Noëlle tinha nascido; ela pagava hoje as conseqüências. A estada em neonatologia, o medo da morte iminente, os riscos de deficiência física, o julgamento da equipe quanto a suas capacidades de mãe. Sentia-se culpada, observada permanentemente por enfermeiras e médicos que ela sentia prestes a acusá-la pelo mínimo de seus gestos, pela mais banal de suas reflexões. "Eles me espiam, sei bem o que estão pensando, sou uma mãe má. Tenho às vezes a impressão de que eles estão de acordo com minha mãe; teria sido melhor eu não ter filho". A maldição se abatera sobre ela quando, menina, sua própria mãe lhe havia predito que ela nunca teria um bebê, era "má" demais, quebrava as bonecas, não gostava de crianças.

Era filha única e a cólera da mãe despertara no momento de um aborto espontâneo tardio em que um irmãozinho tinha morrido. "É culpa sua", dissera a mãe. Tinha cinco anos, viva e turbulenta, desobedecia com freqüência. Uma noite, fugira de casa porque tivera medo, mas não sabe mais de quê. Saíra correndo sem olhar para onde, no campo em volta da fazenda dos pais. Dois dias mais tarde, habitantes da aldeia vizinha a encontraram e a levaram para casa. Nesse meio tempo, a mãe havia perdido o filho que estava esperando. Não houve outro nascimento na família e a mãe nunca mais foi a mesma com ela.

Nos mitos e contos, é freqüente que, após uma maldição, uma moça inocente seja marcada pela esterilidade ou dê à luz um monstro. Os sortilégios quase sempre resultam de uma vingança. Uma mãe, uma madrasta, uma sogra ou ainda uma fada malvada lança falas mortíferas, sendo o motivo com freqüência o ciúme. A jovem enfeitiçada é culpada. Esta culpa, ligada aos desejos infantis recalcados e à sexualidade, pede um castigo. Ela prediz para a futura mãe uma terrível ferida narcísica. O filho será anormal ou não será. É ameaçado e, ao mesmo tempo, torna-se para ela uma ameaça. Desde a Antigüidade, a pior cólera dos Deuses, quando arriscava abater-se sobre os homens, predizia a esterilidade. Esterilidade vegetal, fim das plantações, flagelo social, fome, morte. Esterilidade animal, não haveria mais filhos, sem descendência; desaparecimento da espécie humana, risco de aniquilamento, tratava-se de pagar uma falta [*faute*], uma ofensa irreparável.

O filho anormal era a marca de uma transgressão, como o filho do incesto[3]. Nos contos a falta [*faute*] está freqüentemente vinculada ao risco de uma relação incestuosa. A jovem, tendo crescido em sabedoria e beleza, desencadeia a cólera de uma mãe que se recusa arriscar seu lugar. A Bela Adormecida no bosque está mergulhada num sono de morte. Branca de Neve é exilada no dia em que o espelho anuncia à madrasta que ela deixou de ser a mais bela. Pele de Asno é mandada para a floresta, disfarçada para nada mais aparecer de sua sedução. Cinderela, sem o socorro de sua madrinha, teria de fato ficado diante das cinzas de sua vida consumida, impedida de existir por uma madrasta tirânica e ciumenta.

As mães conduzem a dança. As moças precisam de tempo para se autorizarem a reviver. Não podem fazê-lo prematuramente. Existe aquele tempo de latência indispensável. A Bela Adormecida no bosque deverá esperar, semimorta, semiviva, que um príncipe venha enfim despertá-la com um beijo. Branca de Neve dormirá, envenenada em seu caixão de vidro, até a chegada do príncipe encantado.

Freud fala desse tempo de latência nos *Trois essais*[4] [Três ensaios]. Tempo de pausa, parada no desenvolvimento. É o tempo necessário à elaboração do complexo de Édipo, à criação das barreiras contra o incesto; é o que permitirá à menina escapar a um "destino funesto". Uma criança ao crescer torna-se ameaça para uma outra mulher cujo lugar ela arrisca tomar. Ela é "exilada" na floresta ou "adormecida" para a ela escapar. A mulher rejeita a criança e pede a sua morte; num primeiro tempo, ela é salva por um homem que não executa a sentença. Este primeiro homem significa à mulher que ela não pode fazer o que quiser com aquela criança. Ela não tem todos os direitos. Desobedecendo às

---

[3] J. Gelis, *L'Arbre et le Fruit, la naissance dans l'Occident moderne XVIe-XIXe siècle*, Paris, Fayard, 1984.

[4] S. Freud, *Trois essais sur la théorie sexuelle*, trad. de P. Koeppel, Paris, Gallimard, 1987.

ordens da rainha, ele responde ao apelo da filha, que é um apelo de proteção quanto ao campo materno. Esse primeiro homem está em posição de pai simbólico: ao afastar a criança da mãe, ele a põe no caminho da vida. Vem em seguida um segundo homem, forte e temerário, que não hesita em matar os dragões para lhe salvar a vida. Já mulher, ele a amará e fará dela uma rainha. Todas as meninas sonham com o príncipe encantado. Todas terão que percorrer esse longo caminho que as levará da perda do primeiro objeto de amor ao encontro com um homem, depois outros homens, colocando em jogo o desejo de seduzir e o gozo de um corpo sexuado fonte de desejo e não só de punição e de ódio.

A mãe de Noëlle não era mais uma menina e no entanto não tinha ainda feito esse doloroso percurso. Muito ligada à mãe, dizia odiá-la, querer sua morte, mas não podia viver um dia sem ela. Durante todos aqueles anos, era prematuro para aquela mulher querer, por sua vez, ser mãe. Desejava ela realmente ser mãe? Ou queria ela fazer na mãe o filho que lhe havia fantasmaticamente tirado outrora?

Nessa configuração, Noëlle estava bem inspirada por não ter querido nascer antes. Sua mãe precisou de todo um encaminhamento analítico para reconhecer com sua própria mãe um laço de amor e não só de ódio. Ela precisou situar o que a prematuridade da filha voltava em sua história para que ela pudesse enfim se livrar da maldição na qual estava aprisionada. A violência em relação à mãe estava voltada contra ela mesma, ao passo que para o menino a rivalidade com o pai pode ser mais fácil. "A filha faria refluir sobre seu corpo a hostilidade e a agressão dirigida primitivamente contra a mãe, tela interposta para preservar um laço com a mãe que não fosse por demais mortífero[5]". É esse ódio que será preciso trabalhar na cura para reencontrar o amor que o origina.

Daqueles três meses de hospitalização em neonatologia, a mãe de Noëlle guardou uma lembrança muito dolorosa. Sentia-se culpada, inútil, perigosa para seu bebê. Não ousava tocar a filha. Tinha medo de machucá-la ou às vezes de ficar louca e tentar matá-la.

Aterrorizada por fobias de impulsão, algumas vezes temeu jogar-se sobre os aparelhos e arrancar os fios que mantinham Noëlle ligada à vida.

Destruir friamente, prejudicar pelo prazer de prejudicar, matar pelo prazer de matar. Certas vezes, aquela criança desencadeava nela um medo espantoso.

[5] C. Silvestre, op. cit..

Ela fugia então do serviço e saía correndo, andando pelas ruas durante horas, sem poder voltar. Ela fugia, fugia "de si mesma" como quando deixara a casa, pequena, naquela famosa noite em que toda a sua vida havia basculado.

Só as enfermeiras sabiam cuidar de Noëlle, pensava. Mas ela estava, apesar de tudo, aliviada por constatar, dia após dia, que elas cuidavam da filha com doçura e sensibilidade. Lentamente, foi sendo levada a falar em sessão daquele tempo "suspenso" em que seu bebê lhe fora retirado como de um tempo benéfico. "Era cedo demais para que eu cuidasse realmente dela".

Sem a reanimação, Noëlle não teria sobrevivido e o conto de fadas teria virado pesadelo. Sem aquele tempo deixado à mãe para desfazer o que a havia prendido em seu vínculo com sua própria mãe, nada poderia ter acontecido com a filha. O serviço viera "despertar" Noëlle. O desejo da equipe de fazê-la viver funcionou para a mãe como uma autorização para, por sua vez, atendê-la. A medicina não veio ali ainda desfazer algo da maldição?

"Na unidade", dizia-me, "não deixam entrar minha mãe, não sei por quê, mas isso me tranqüilizou, de noite eu sonhava que ela roubava minha filha".

Aquelas visitas proibidas para a avó com efeito autorizavam a mãe. Graças aos médicos, a avó não arriscava vir recuperar seu "bem". A equipe sabia quem era a mãe e significava-lhe todos os dias: "Estávamos esperando a senhora para dar a mamadeira, ela chora quando a senhora vai embora". Eram todas falas que lhe davam novamente a sensação de que aquele bebê era de fato seu.

A mãe de Noëlle, como todas as mães impedidas, era vítima de uma história pesada demais para que o fato de se tornar mãe por sua vez, de se identificar com aquela mulher a um só tempo tão amada e tão detestada não trouxesse problemas.

Ela dizia ter estado até então impossibilitada de amar. Deixara o pai de Noëlle dois meses após o nascimento da filha. Encontrou um outro homem quando Noëlle fez três anos.

Como em toda problemática histérica, ela esperava do amor a cura milagrosa. Estava machucada, sentia-se feita para ser abandonada, traída, deixada de lado. Em certos momentos, achava-se bela, sedutora, amável. Sentia-se forte, capaz de interessar um homem, fascinar mulheres. Em outros momentos, tudo desabava, estava de novo perdida e só, estéril e humilhada. O que ela chamava sua "terrível lucidez" tornava-a então totalmente insensível às pessoas à sua volta. Ausente para os outros e para si mesma, voltava para dentro de sua dor, sem deixar de ficar ao mesmo tempo anestesiada.

A demanda de amor absoluto que ela dirigia à mãe impedia-a de encontrar outros homens. Nenhum podia ser tão fálico quanto aquela mãe, nenhum podia lhe resistir. Se lhe resistiam, era para ela um desafio rebaixá-los, castrá-los, dominá-los. Ela sofria daquela potência que dizia não poder dominar. Mas onde estão pois os homens, os verdadeiros? perguntava incansavelmente.

Ela não podia realmente estabelecer laços com sua filha, que ela sentia como tirânica e rival. Aquele novo encontro com um homem que ela pensava ser diferente dava-lhe novamente esperança.

É claro que tinha medo. Medo de ridicularizá-lo, medo de destruir de novo e de cair novamente no estado miserável que tão bem conhecia.

O mesmo tudo ou nada que ela descreve durante sua gravidez, no mês que precedera o nascimento da filha. Ficar com aquela criança ou rejeitá-la? Amar ou odiar? Brilhar ou ficar desesperada? Fez um longo trabalho para reencontrar suas referências, apontando aquilo que, no vínculo passional com a mãe e no encontro fracassado com o pai, havia marcado sua vida, dela fazendo aquela mãe prematura. Pôde afrouxar um pouco o torno que a aprisionava naquela posição de vítima em que se sentia a um só tempo perseguidora e perseguida, num mundo totalmente solitário e gelado. Foi para reencontrar em si o medo e o amor que foi confrontada, foi para renunciar ao gozo da infelicidade que tentou lentamente reconstruir-se, sessão após sessão, numa história recomeçada, como num conto a cada vez remanejado.

Isabelle e Léa: *as devastações do amor materno*

Em *Totem et Tabou* [Totem e tabu], Sigmund Freud lembra que, para a história da humanidade, as divindades maternas precederam os deuses em posição de Pai. A deusa-mãe transmite o vínculo da morte com a vida. Em toda a obra de Freud, maternidade e morte estão associadas. A mulher tem, para o homem, três rostos: o da própria mãe que lhe dá a vida, o da amante e enfim o da terra-mãe que o retomará em seu seio[6].

Num primeiro tempo, a mãe será "tudo" para o filho, ao mesmo tempo que ele fantasmará que ela deseja "tudo" lhe tomar. A mãe castradora será vivida

[6] S. Freud, "Le Motif du choix des coffrets", in *L'Inquiétante Étrangeté,* trad. franc. de B. Féron, Paris, Gallimard, 1985.

pelo menino como perigosa. Desse medo e desse amor ele se defenderá às vezes durante toda a sua vida, faltando a encontros com outras mulheres.

"Antes que o desejo aprenda a se reconhecer (...) pelo símbolo, ele só é visto no outro[7]".

É a marca desse desejo que permanecerá assustadora. A filha está de imediato presa com a mãe na ambivalência amor-ódio. É seu primeiro objeto de amor, ela não está facilmente disposta a largá-lo. A passagem da homossexualidade à heterossexualidade nem sempre é simples. Para ela é às vezes difícil renunciar à mãe para voltar-se para o pai, ou para qualquer outro homem depois.

No momento do nascimento, a mãe, como no caso de Isabelle, acha-se por vezes mergulhada no medo e na fascinação da relação com sua própria mãe. O filho torna-se, por sua vez, perigoso para ela. O fantasma reencontrando a realidade, os nascimentos de crianças prematuras ou de crianças doentes que devem ser retiradas de suas mães nos parecem particularmente propícios para fabricar entre mãe e filho vínculo fóbico, o objeto perseguidor podendo ser ora elas, ora seus bebês. A "fobia" será tanto mais viva porquanto o lugar do terceiro, a função paterna será invalidada.

Foi em consulta privada que Isabelle tinha vindo ver-me quando sua filha Léa tinha três anos de idade.

A menina apresentava um ligeiro atraso de linguagem, associado a sintomas fóbicos que se transformavam às vezes em verdadeiros ataques de pânico e mergulhavam aquela menina num sofrimento terrível. Na escola, a professora havia pedido várias vezes que viessem buscá-la durante o dia porque ela parecia infeliz demais e o médico escolar havia convocado os pais para lhes propor consultar o pediatra e recorrer a tranqüilizantes que aliviariam aquela angústia que se tornara insuportável para todos. Mas o pediatra consultado não era muito favorável aos ansiolíticos já no maternal; ele havia aconselhado procurar um psicanalista.

Isabelle, dócil, viera. Porém, a maneira como ela falava dos medos de Léa não refletia a preocupação dos especialistas.

"Ela está nos enrolando", dizia, "é melhor não dar atenção, é para que prestemos atenção nela, é seu teatro, sua chantagem. Talvez devêssemos ser mais severos".

---

[7] J. Lacan, *Le Séminaire, Livre I,* "Les écrits techniques de Freud", texto estabelecido por J.-A. Miller, Paris, Seuil, 1978, p. 193.

A conselho de sua mãe, Isabelle havia repreendido Léa, mas não adiantava nada. A menina se punha em estados espantosos e podia ficar só a soluçar, durante horas, em seu quarto.

"São bobagens", concluía, "o pediatra quis sua opinião, mas a senhora vai certamente dizer que se trata de criancices, de histórias sem gravidade".

Após lhe ter dito que as criancices talvez não fossem sem gravidade, perguntei-lhe se já havia sentido medo. Ela então começou a chorar e me contou o nascimento de Léa da seguinte maneira.

Léa tinha nascido prematura com 37 semanas, mas seu peso de nascimento, 2,700 kg, e seu estado geral lhe permitiram ficar num primeiro momento com a mãe.

O parto fora longo e difícil. Quando, de volta ao quarto, Isabelle enfim só e acalmada se debruçara sobre o berço da filha, sentira subir do mais fundo de si um calor desconhecido, a sensação de uma volúpia estranha que a invadia inteira. Pegou a filha no colo, devorou-a com o olhar, sentiu seu cheiro, colou sua pele na dela. Ficara com ela ali algumas horas, apesar dos conselhos das enfermeiras: "Não é bom apertá-la assim, deixe-a no berço e converse com ela, será melhor". Mas justamente Isabelle se lembra de que não conseguia falar. Não encontrava as palavras para dizer a Léa a violência daquele transbordamento. A noite se passara naquele corpo a corpo fascinante sem que pudesse largar a filha, com aquela impressão perturbadora de felicidade e de medo. "O medo", dizia, "provocado pelos sentimentos fortes demais".

De manhã, sentia-se um pouco mal, mas a visita do médico que fizera o parto na véspera reconfortou-a um pouco e ela foi de novo capaz de conversar com Léa, de desgrudar-se dela e de recolocá-la no berço. Estava melhor até o momento em que se ouviu dizer à filha: "Você é bonita, Léa, parece um gatinho".

Tomada de pânico, precipitara-se então sobre a campainha para chamar a enfermeira; não podia mais ficar sozinha com a menina.

Se Isabelle tivera tanto medo, é que, desde sempre, sofria de uma fobia de gatos. O animal monstruoso, naqueles últimos anos, ao preço de numerosas evitações, a havia deixado um pouco em paz e eis que surgia novamente do mais fundo de sua infância, mais terrificante do que nunca sob os traços de seu bebê.

O que se passara entre Léa e a mãe?

O fato é que a enfermeira, após ter tentado da melhor forma acalmar a mãe, foi alertada, ao se debruçar sobre o berço de Léa, pela estranha cor de sua pele.

O pediatra consultado diagnosticou então uma icterícia intensa e o bebê foi transferido para a neonatologia.

Isabelle, ainda hoje, sente-se muito culpada ao evocar o alívio que sentira durante aqueles quinze dias de hospitalização. Estava protegida. Léa também estava abrigada. A mãe tinha confiança naquela equipe médica muito competente que era "fria", mas que, disso estava certa, não deixaria sua filha morrer.

O bebê, com efeito, curou-se sem complicações.

Léa uma vez em casa, Isabelle teve muita dificuldade para cuidar da filha. Dava sempre um jeito de ficar sozinha com ela o mínimo possível, evitava ao máximo tocá-la, usava de várias espertezas para limitar os contatos com o corpo do bebê.

Primeiro, desistiu de lhe dar o seio, depois evocou o avental impermeável que devia usar para trocar as fraldas de Léa, as luvas duplas de banho, indispensáveis para que a mãe pudesse ensaboá-la.

Léa, como sempre, dava-lhe medo, mas, quando a menina começou a falar, Isabelle sentiu-se um pouco menos em perigo. Hoje ainda, diz não ser muito carinhosa com a filha, mas pode ficar sozinha com ela sem ter que lutar contra o mal-estar que sentia quando Léa era pequena.

Isabelle não queria ouvir falar dos sintomas da filha, queria que tudo entrasse em ordem, "que acabasse", dizia.

Foi preciso muito tempo para que essa mãe, esgotada de tanto se defender, aceitasse reconhecer seu sofrimento e o da filha. Muito tempo, para que o pai viesse, uma vez apenas, dizer o quanto tudo aquilo não era assunto dele. "Se for preciso cuidar dela, cuide dela, mas não me peça para que eu cuide dela".

Para Léa, o pedido parecia mais fácil de exprimir, contanto que protegesse sua mãe.

Ao terminar a primeira entrevista, ela havia esquecido seu urso de pelúcia no divã e voltou correndo a meu consultório. Despedi-me dela de novo repetindo-lhe a data de nosso próximo encontro na semana seguinte.

"Sim, sim", responde-me, "Léa vem amanhã ver Madame Malin, mas meu ursinho não vem.

– Ah bom, Léa, e por quê?

– Porque tem que dar o ursinho pra Mamãe".

Durante todo aquele primeiro ano de trabalho, seguindo os conselhos de Léa, tentei acalmar sua mãe. Se eu não levasse em conta a insistência da menina, parecia-me que a parte "urso" dela mesma ficaria sempre colada àquela mãe. A cada sessão, eu via Léa só, depois ela ia buscar a mãe e falávamos na presença de Léa das dificuldades de Isabelle.

Impossível, durante aquele primeiro ano, enviar Isabelle a outro lugar; o urso de Léa teria ficado esquartejado.

"Tem que falar da preocupação com mamãe", dizia Léa, "Mamãe chora". Em certos dias, Léa recusava vir ao consultório sem a mãe. Era preciso garantir-lhe que sua mãe não corria risco algum na sala de espera e prometer-lhe que íamos falar com ela, depois.

Quando a mãe estava mais relaxada, ela se autorizava a ficar presente no tempo de sessão que lhe pertencia, desenhava de modo estereotipado o mesmo boneco que chamava de bebê pingüim.

No início, só sobre um banco de gelo, aquele bebê conhecia aventuras assustadoras. Era perseguido, atacado por enormes pingüins que grudavam nele e o precipitavam em abismos gelados onde encontrava a morte. Sessão após sessão, em massa de modelar, em desenho, em marionete, o pingüim era engolido por fendas.

Léa continuava tendo medo, a mãe se queixava de sua impossibilidade de deixá-la, das crises de angústia na sala de aula, das noites sem dormir, da recusa inexplicável, em certos dias, de dormir ou de comer, mas não sabia do que tinha medo. Tudo o que Léa podia dizer incansavelmente em seus soluços se resumia num suspiro: "Léa tem medo".

Sempre que entrava no consultório, tinha que explorar embaixo dos móveis, dentro das gavetas, atrás das cortinas.

C.M.: "O que você está procurando, Léa?

– Não sei, tem medo", respondia-me; e procurávamos juntas, de quatro sob o divã, sessão após sessão, um temor desconhecido.

Léa só falava de medo e escutava muito concentrada a mãe falar da avó.

Isabelle era filha única de uma mãe extremamente presente que ainda hoje ocupa em sua vida um lugar importante. "Ela me adora", dizia, "desde que nasci, sou toda a sua vida". Do pai, muito mais velho que a mãe, tinha muito poucas lembranças. Morreu quando tinha dez anos e a mãe não lhe falava muito dele, exceto para dizer que era um bom homem sem cultura que sua mãe, estudante de filosofia, havia esposado para fugir de sua família após uma decepção sentimental com um colega de faculdade. Daquela história de amor, a mãe também nunca havia falado.

Isabelle, também, havia feito estudos de letras. Era professora de francês num liceu quando encontrou o pai de Léa. Ele era casado e vivia no sul da

França, já tinha três filhos. Em razão do trabalho como representante, vinha com freqüência a Paris. Isabelle o encontrara uma noite na casa de amigos, tornara-se sua amante e ele a visitava quando viajava. Apaixonada? “Não”, dizia, “não realmente, mas é um homem educado que bem gosto de ver de vez em quando. De qualquer modo, não há homem em minha vida”.

De passagem por Paris, o pai de Léa havia finalmente aceito me encontrar, mas não queria que a filha estivesse presente. Após conversar com Léa, esta aceitou ficar na sala de espera enquanto eu recebia seu pai.

Quando ficou sabendo que Isabelle estava grávida, aconselhou-a a abortar. Tinha suas obrigações, sua família, não queria de modo algum mudar de vida. Estava muito apegado a ela, mas era tarde demais agora, tudo estava decidido e não podia reconhecer aquela filha com medo do escândalo.

“Mas a senhora conhece as mulheres”, dizia, “quando elas metem alguma coisa na cabeça! Ela queria essa filha, não pude fazer nada para dissuadi-la da idéia”.

E Léa naquilo tudo? O que representava ela para ele?

Ele dizia amar muito Léa, que considerava como sua filha, mas sentia-se muito culpado por não ter tido, dizia, “a coragem” de lhe dar seu nome. Em compensação, tinha a impressão de contar muito para ela, sempre grudada na mãe; queixava-se por constatar que os medos da menina eram também violentos nos dias em que ele estava em Paris. “Eu não a deixo tranqüila”, dizia, “se fosse um de meus filhos, acho que zangaria com ela. Não me peça que eu mesmo cuide dela, mas cure-a”.

Que ferida se tratava de curar?

Durante essa entrevista, que foi a única ao longo da análise de sua filha, ele falou, apesar de tudo, da contradição que sentia em considerar Léa como sua filha, sem todavia sentir-se autorizado a se conduzir como pai. De sua dificuldade de dar, da impotência na qual se achava de servir de tela de proteção entre a menina e a mãe.

Alguns meses mais tarde, Léa contou-me muito surpresa, em sessão, que ganhara “duas coisas de Papai”.

Como eu a questionei, ela insistiu: “Sim, sim, duas coisas, uma boa e uma ruim. Primeiro uma palmada e também um coelho de pelúcia”.

Uma noite, com efeito, a mãe contou que ficara espantada com a reação do pai de Léa: irritado com uma de suas cóleras antes de dormir, deu-lhe uma palmada. A mãe, muito surpresa, não tinha reagido. Léa dormira logo.

"Dá para pensar", dizia Isabelle, "que ela estava esperando que o pai se zangasse".

No dia seguinte, seu aniversário, ele lhe deu de presente um coelho de pelúcia.

Algumas semanas mais tarde, Léa entrou em meu consultório feito um foguete. "A rã", berrava, "tem medo da rã!".

Pudemos então procurar uma rã no consultório, enfim sabíamos o que procurávamos! Aquele medo tinha aparecido após um filme em que ela ficara assustada com uma rã em *close*. Não era ainda, naquele momento, o animal que desencadeava a angústia, mas tudo o que podia lembrá-lo, tudo o que era "signo" de rã.

Um dia, ao desenhar uma árvore, ela foi presa de um verdadeiro pânico; compreendi que a cor verde das folhas tinha provocado o drama. Ela gritava, tapava os ouvidos, fechava os olhos como se a cor pudesse invadi-la por inteiro. Tinha medo de ser penetrada por aquela cor e tentava desesperadamente tapar os buracos de seu corpo. Mesmo que não encontre uma rã, tudo o que pode evocar a rã coloca-a num perigo terrível de destruição. Como os cavalos de angústia do pequeno Hans, o animal deixa-a confusa; diante dele ou de tudo o que o represente, ela não é mais ela mesma, ela não existe mais.

Ao longo das sessões, Léa tenta aprisionar sua rã, pede-me para desenhá-la, pouco a pouco suporta vê-la tomar forma e cor. Quando, enfim, o animal está construído, proponho-lhe deixá-la numa gaveta. Em toda sessão, ela pergunta: "Ela está ali, a rã?"; e entreabre a gaveta, com expressão de pânico, como que para ver se o bicho não está em outro lugar.

Ela agora não precisa mais procurar por toda a sala, sabe onde está seu medo; o animal instaura um semblante de lei que lhe permite ir de um lugar a outro, pensando não encontrá-lo.

Paralelamente, o pingüim sobre o banco de gelo encontra outros animais e evita com mais freqüência as fendas.

Na sala de aula, ela agora participa das atividades sem deixar de perguntar à professora todos os dias se está certa de que nenhuma rã pode entrar na sala. A professora lhe responde sempre tranqüilizando-a; as palavras parecem agora acalmar Léa.

As palavras, justamente o que havia faltado não só entre Léa e Isabelle, mas entre Isabelle e a mãe.

A emoção sentida no nascimento do bebê fizeram-na bascular de novo no vulcão das relações corpo a corpo que ela mesma havia conhecido com sua mãe, sem que nenhuma lei do pai viesse, de fato, separar as duas. Esse corpo a corpo real, traumático, não é simbolizável e só pode ser repetido, até mesmo alucinado. Era esse risco de repetição que se colocava para Isabelle. De novo um pai distante, ausente, que havia feito sua vida em outro lugar, uma outra mulher numa outra região da França, outros filhos.

A própria Isabelle dizia que sempre quisera um filho para o prazer, não achava indispensável que aquele filho tivesse um pai. Mas não houvera prazer entre Isabelle e Léa; apenas o gozo mortífero, não-representável, tinha estado no primeiro plano da história delas, repetindo implacavelmente o vínculo de Isabelle e de sua própria mãe. Seu pai estivera presente dez anos, mas desprezado numa cumplicidade de mulheres pelo casal mãe-filha, da mesma forma que Isabelle zombava amigavelmente do pai de Léa: "Ele é bonzinho, mas não tem peso".

Dois homens sem grande importância, e o sintoma fóbico se instala. Um pai humilhado, um amante frágil, e a terceira geração enlouquece, entra em pânico, não encontra mais lei. Nada vem tranqüilizar ou estabelecer limite senão o objeto fóbico que faz o que pode, dando pelo menos fora de si um espaço de vida e de pensamento possível, um espaço localizado que não invade, como na psicose, toda a realidade.

O sintoma fóbico impede que tudo vá pelos ares e que a criança bascule na loucura. Ele mantém os três registros, do real, do imaginário e do simbólico, ligados juntos. Ele contém como uma roupa, cerca e permite nomear a loucura, é a marca dela. É um brasão, dizia Lacan. Nisso o fóbico sabe o que é a psicose: é o real escondido no objeto fóbico. Este objeto é sempre um apelo ao nome do pai. Uma vez o objeto instalado, a vida pode começar a se arrumar. Interditos são colocados, uma ordem imaginária se instala. Todos dragões de papel que tentam controlar a extensão da vertigem. Se lugares são impossíveis, outros tornam-se autorizados. A fobia surge com freqüência em momentos de intrusão do real, de invasão do gozo. O parto, em sua violência libidinal, pode por vezes desencadear sintomas fóbicos, despertar os monstros esquecidos da infância. Para superar a crise, certas mães, como Isabelle, tentarão imaginarizar o real. O perigo não vem mais portanto das forças pulsionais, mas acha-se projetado no interior, sobre um objeto longe do corpo. Não encontramos, em certas crianças psicóticas, a instalação de objetos fóbicos, todos como mecanismos de defesa? Todos como avanços em suas curas? Esse esboço de construção de objeto permite que elas fiquem à distância de seu pânico. De que têm medo senão do próprio corpo? Este corpo, que não vêem ou que evitam cuidadosamente no espelho, tampouco deve ser "dado" ao olhar do outro. Muitas pessoas não suportam ser olhadas. Ponto às vezes comum entre a psicose e a fobia, o olhar é vivido como perigoso. Elas têm medo de serem por inteiro devoradas pelo olhar que parece então estar do lado da pulsão oral. É aquela boca aberta, aquele buraco que os fóbicos vêm recobrir com um objeto, ali onde os psicóticos fracassam.

O objeto faz limite obturando o buraco. Ele fica na frente e fecha assim os pontos de fuga da paisagem, impedindo ao mesmo tempo que todo o corpo seja aspirado no buraco negro do nada que o olha. Ver um gato ao olhar Léa sem dúvida permitia a Isabelle não cair inteira no vazio, engolida por aquela criança que a olhava. Como se o corpo de Léa tivesse por inteiro se tornado olhar. Charles Melman precisa: "O que ocorre quando emerge assim no espaço um objeto *a*? Uma dissolução do fantasma – o fantasma só se sustenta disto com efeito: que o objeto *a* não esteja ali, que não se saiba onde ele está, que não se saiba de onde se é olhado; ora, quando o objeto *a* emerge assim, pronto, é aí que você é olhado. Produz-se então uma dissolução do fantasma, com seus corolários inevitáveis, o desvanecimento do sujeito[8]".

O sintoma fóbico, ao propor um objeto terrificante, vem parar o olhar. Ele marca o limiar intransponível, o limite para além do qual não se pode ir, para além do qual não se pode mais nem olhar, nem ser visto. Caso se arrisque a ir mais longe, o perigo é tal que o sujeito pode ser apagado até o desvanecimento do corpo. Este obstáculo que faz signo se reveste freqüentemente, como para Isabelle, da forma de um animal. Sem dúvida o objeto é tranqüilizante pelo fato mesmo de sua animalidade. Os animais não falam. Sem linguagem não há diferença dos sexos. Impossível saber, ao ver passar um gato, se se trata de macho ou fêmea. O animal guarda seu segredo.

A fobia sinaliza a angústia ao se voltar para o gozo fálico passando pela castração e traz a criança para o gozo do Outro, o outro materno, para o benefício do qual ela se identifica ao falo ou, numa posição apassivada, à mãe como se o portasse. A criança aterrorizada não pode escapar do espaço materno. "A fobia", dizia Maria Torok, "é o medo da mãe". A clínica nos ensina o quanto as fobias são transmissíveis de mãe a filha. Do corpo a corpo de que Isabelle não

---

[8] C. Melman, "Le nouage borroméen dans la phobie", *Bibliothèque du Trimestre psychanalytique*, publicação da Association freudienne, 1990, p. 106.

pôde desligar-se com sua mãe só pôde nascer a impossibilidade de qualquer contato com Léa. Ela não podia mais tocá-la, nem mesmo podia olhá-la. Talvez, por tê-la tido demais, não podia mais vê-la?

"Meu medo era terrível", dizia Isabelle, "a senhora acha que isso amedrontou o meu bebê? Quando eu era pequena, ouvi dizer que a icterícia podia ser provocada por um temor; e se for disso que Léa sofreu?".

Léa, sessão após sessão, representara o drama em que basculavam em fendas – buracos da castração materna – animais colados dois a dois. Isabelle, ao pegar a filha no colo na hora do nascimento, sentira-se jogada novamente no precipício do real de uma relação com sua mãe em que o gozo podia matar. Se nenhuma fala de homem vier fazer barragem, o indizível, o inominável toma a frente da cena e a mãe não pode mais falar com seu bebê.

Uma mãe cujo pai pôde manter seu lugar escapa mais facilmente à erotização do real da relação com o filho. Nesse caso, é claro, o filho, como sempre, arrisca seu lugar. Será edipiano? Alienado do passado de sua mãe e do interdito do incesto, ou simplesmente mais ou menos preso ao jogo do desejo ali onde, como o sublinha Françoise Dolto, "as cartas estão marcadas". É verdade que o medo fóbico passa pelo somático; provocando sintomas físicos sufocantes, ele se nutre do real do corpo. Ali onde a fobia se instala, o corpo a corpo terrificante não pôde ser evitado, o gozo não pôde ser "posto na conta do desejo".

Michèle Montrelay precisa: o fóbico está em posição de agir nome do pai, mas "nome do pai limitado a um único objeto numa situação determinada[9]".

Quando a metáfora paterna não pôde operar por completo, nem pelo pai desprezado, nem pelo homem escolhido pelo viés da repetição, quase sempre em razão de sua ineficiência, a mãe e o bebê não podem escapar à repetição do trauma.

O sintoma fóbico marca este momento de virada, esta placa giratória, como dizia Lacan, entre neurose, psicose e perversão. O sujeito dali não sairá sem cicatriz.

Para que a metáfora paterna ocorra, lembra Solange Faladé, é necessário que este lugar onde o filho "encontra o desejo da mãe venha ser substituído pelo significante do Nome-do-Pai[10]".

---

[9] M. Montrelay, Congrès de Strasbourg, *Lettres de l'École freudienne*, Bulletin nº 19, p. 140.

[10] S. Faladé, "Repères structurels des névroses, psychoses et perversions", in *Esquisses psychanalytiques*, nº 7, primavera de 1987, p. 44.

O sintoma fóbico surge no momento em que o pai vacila. Não há foraclusão. Ele está presente, representável, mas quase sempre apagado, desprezado por duas gerações de mulheres fascinadas pelo gozo delas.

O único momento em que Isabelle teve um pouco de descanso foi após a visita do médico que fizera o parto na véspera, "um homem", dizia, "não amável, mas competente e tranqüilizador". Um homem que ela admirava. Para sair mais uma vez do domínio de sua mãe, que nenhum pai viera mediatizar, para de novo bascular do gozo para o prazer, Isabelle não tinha ressuscitado o objeto fóbico de sua infância?

Mas, dessa vez, sua função era desligá-la do corpo a corpo com sua própria filha. Projetar um gato sobre seu bebê não era um meio para Isabelle de salvar a pele delas, das duas, um meio de não afundar na loucura?

A relação mãe-filha, dizia J. Lacan, é devastadora[11]. Sem descanso, a menina censura o tempo todo a mãe por tê-la feito imperfeita, espera reparação ao pedir a transmissão da feminilidade, a cumplicidade, o saber compartilhado do mistério.

A clínica nos ensina o quanto a maternidade da filha está ligada à maternidade da mãe. Esterilidade, criança prematura, aborto de repetição, todos atos falhos, como sublinha Marie-Magdeleine Chatel[12], em que é encontrada a "*griffe*" de uma mãe: "A devastação é a experiência dolorosa devida à inexpugnável censura que uma filha endereça à mãe (...) é a impossível similaridade, apesar da ilusão de ser do mesmo sexo, de que este mesmo sexo daria uma proximidade erótica corporal (...) o impossível compartilhamento da experiência feminina".

Quantas moças encontramos que pensam que suas mães detêm o que elas não têm, certas de que elas possuem um saber que recusam lhes transmitir? Este é um dos fundamentos da estrutura histérica. Quantas mães enlouquecidas encontramos, tornadas agressivas ou deprimidas pela demanda de suas filhas, na impossibilidade de situar a que esta demanda as remetia?

A devastação é salutar; é de certo modo a única maneira para as filhas de se desligarem do corpo a corpo com as mães.

De que transmissão se trata? A dificuldade não é esse real do corpo que predomina sobre o simbólico contrariamente à transmissão entre os pais e os filhos?

---

[11] J. Lacan, "Conférence et entretiens dans des universités américaines", Yale University, in *Scilicet*, nº 6/7, Paris, Seuil, 1974, p. 14.

[12] M.-M. Chatel, op. cit., p. 60.

Rivalidades, incompreensão, dramas e violências tecem o cotidiano das relações entre mães e filhas. Se um homem não vier se interpor, as mulheres que se amam demais se dilaceram ou afundam na loucura, fascinadas pela imagem da outra.

Margueritte Duras mostra bem como, no tempo de um baile, uma jovem pode bascular na captação, na fascinação por uma mulher, Anne-Marie Stretter, que vem em posição de mãe raptar seu amante, sob seus olhos. O arrebatamento de Lol V. Stein[13] é o fracasso da devastação. Se nada for "arrebatado" na transmissão mãe-filha, o risco é cair no arrebatamento, no corpo a corpo, no gozo que faz perder a razão.

É para se proteger desse arrebatamento que o objeto fóbico, substituto da metáfora paterna, vem se instalar. Não há pai para Lol que a mãe vem procurar no fim do baile: "O que você fez com minha criança?"; e Lol afunda no nada. Ela nem sofre mais: "A impotência de sofrer de Lol", diz Michèle Montrelay, "nos mostra que no centro de toda dor existe um buraco, um lugar de onde somos expulsos, que outros habitam, mas onde nunca estaremos: uma página branca de dor que nunca poderemos sofrer e que chama, puxa para si. No que é nomeado o desgosto de amor, o pior é esse desnudamento desse lugar de insensibilidade[14]".

O pai do pequeno Hans tampouco fazia a lei para sua mãe, Hans sabia disso; o desejo de sua mãe estava alhures.

"Na resposta do pai a Freud", precisam Colette Misrahi e Serge Hajlblum, "é preciso ler um apelo do pai ao filho: para introduzi-lo a seu título. Se ele chega ao forçamento, é que simbolicamente Hans não é seu filho: é o filho de uma transferência entre Freud e a mãe, ex-analisanda de Freud, e é um problema desse pai introduzir-se a qualquer preço num circuito de onde está excluído[15]". Trata-se, na fobia, de acesso à castração ou de sublimação?

Para se proteger, da mesma forma que Léa constrói sua rã, Hans instala essa fobia dos cavalos que, ao contrário do pai, lhe dão medo e são capazes de ditar a lei deles.

É assim que as crianças chamadas fóbicas tentam escapar do desejo por demais cativante de suas mães.

---

[13] M. Duras, *Le Ravissement de Lol V. Stein*, Paris, Gallimard, Folio, 1964.

[14] M. Montrelay, *L'Ombre et le Nom*, Paris, Ed. Minuit, 1977, p. 13.

[15] C. Misrahi, S. Hajlblum, "Champ phobique: le petit Hans", in *Tel Quel*, nº 70, verão de 1977, p. 65.

Talvez possamos pensar que, se a estada de Léa em neonatologia tivesse protegido mãe e filha, teria sido certamente importante naquela ocasião falar com Isabelle do drama que se passava entre ela e seu bebê. Em vez disso, ela se lembrava muito bem da insistência da equipe em lhe pedir que cuidasse de Léa. Ela levava "bronca", dizia, se não ficasse muito tempo junto da filha, se não a carregasse no colo. No entanto, ela se lembra do alívio que sentira ao ver a filha na incubadora; ela sabia que, longe dela, a filha não corria risco algum.

Um dia, a equipe anunciou a Isabelle que no dia seguinte ela poderia pegá-la junto de si; uma sessão "pele a pele" estava prevista. Era o oitavo dia de hospitalização. Isabelle fugiu e, pretextando uma forte gripe, só voltou para buscar a filha no dia da saída. Por que não ter entendido que ela estava justamente tentando salvar a pele das duas?

Ela sentia bem a desaprovação da equipe, mas sabia que não podia fazer de outro jeito. Impossível igualmente lhes falar, eles teriam ficado decepcionados demais, pensava. Pareciam muito persuadidos de que, para uma criança, nada era melhor do que o amor de uma mãe.

De acordo com o relato de Isabelle, podemos pensar que eles ficaram certamente muito decepcionados por não terem conseguido manter laço entre ela e seu bebê. Por que lhes era impossível pensar naquele momento no papel de terceiro essencial que eles desempenhavam entre Isabelle e Léa? Protegendo uma e outra de uma violência impensável, algo talvez pudesse ter sido elaborado para Isabelle naquele tempo de separação. Palavras poderiam ter sido postas no pânico daquela mãe. Ela provavelmente poderia ter falado do vínculo que ela mesma tinha com sua própria mãe, de sua solidão, de seu amor devorante pela filha.

A fobia devastadora que impediu Isabelle de cuidar da filha ao voltar para casa não teria sido um pouco remanejada, assim como o teria sido, ao mesmo tempo, a evolução de Léa?

Arthur:
o palhaço reanimador

É aconselhada pela psicóloga da creche que a mãe o traz para a consulta comigo pela primeira vez. Estamos em junho, Arthur deve começar a escola em setembro, vai fazer dois anos e meio em outubro próximo. Só dispõe de umas vinte palavras e ainda não forma frases. Suas relações com as outras crianças são difíceis. Tem um comportamento medroso sempre que deve enfrentar dificuldades novas. Parece ter medo de tudo. "Talvez baste pouca coisa", dissera a psicóloga, "mas se a senhora não fizer nada a fase inicial da escola arrisca ficar realmente comprometida".

Quando vou buscá-lo na sala de espera, Arthur se levanta num salto e se precipita, esbarra em mim e corre no consultório rindo, vai o mais longe que pode ir na sala e, finalmente detido pela parede, volta-se para mim. Encurralado, impedido de fugir, olha-me fixamente. Uma expressão estranha se lê em seu rosto. Sorri. Com um sorriso artificial, como se o tivessem pintado nas bochechas. Um sorriso que evoca as largas bocas dos palhaços, máscara alegre num rosto triste. Em cima desse sorriso congelado, os imensos olhos azuis de Arthur refletem desamparo e inquietude. Sentimento de inquietante estranheza dado por esse rosto contraditório. Ao longo da entrevista, seu sorriso ficará pendurado, não cairá nunca.

"Mesmo quando cai, mesmo quando se machuca", diz-me a mãe, "o sorriso dele não cai nunca; dá para pensar que ele nunca sente dor".

A mãe, que seguiu o filho para o consultório, deixa-se em compensação "cair" na poltrona, com o ar esgotado. "É o tempo todo assim, tenho que correr sem parar atrás dele, escapa de mim sempre que pode, foge".

Arthur, no final da corrida, senta-se junto da parede do consultório. Sem esquecer por um instante de sorrir, escuta, muito atento, a mãe falar de sua história.

Nascido ao termo de 28 semanas de gestação, era um extremamente prematuro de 980 gramas. Foi imediatamente transferido para o serviço de neonatologia onde os médicos, preocupados, reservaram seu diagnóstico sobre seu estado de saúde. Não se poderia dizer nada antes de três semanas ou um mês. Sofrendo de uma grave doença das membranas hialinas, Arthur fora entubado, ventilado, perfundido. A mãe, que viera ao serviço na noite mesma do parto, disse-me o quanto ficou impressionada com aquele rosto de velho pequeno, com aquele corpo tão magro. "Pensei que tinha dado à luz uma aranha. São terríveis aqueles braços longos, aquelas pernas sem carne. Não se pode imaginar a que ponto é feio um feto. Talvez fosse melhor não vê-los? Naquela noite, tive medo dele".

Essa questão do olhar volta com freqüência para os pais de crianças prematuras. O bebê deveria estar ainda escondido no ventre da mãe. De que transgressão se trata quando ele se torna visível e o que se vê? Que interdito é ultrapassado? É muito freqüente as ultra-sonografias antes do nascimento provocarem nas mães episódios de importante ansiedade. Às vezes, quando mostramos o que não se pode dizer, desencadeiam-se reações fóbicas. Passando brutalmente do interior ao exterior, o bebê parece "real" demais. Como preservar para a mãe um espaço de imaginação, de sonho? Ela não pode mais se representar o filho, um dia de um jeito, no dia seguinte de outro. Ela não tem tempo para deixar se "desenrolar" seu fantasma, não tem tempo de falar dele. O filho precisa também ser nutrido de uma certa "placenta de falas". O real das medidas e dos registros, impedindo-a de sonhar, vem por vezes impedir também que a fala da mãe nutra seu filho. O bebê, carregado por ela, não se assemelha em nada aos clichês das ultra-sonografias. Que eco emitem eles então? "Saber se é menino ou menina, isso não lhe diz respeito", dizia-me uma mãe, "ainda que eu peça para não saber, ele vai inscrevê-lo no prontuário, tenho a impressão de que não se tem o direito de fazer isso, estão roubando o segredo de meu bebê". Mas nem todas as mães podem dizer o mesmo.

"Não se parece com coisa nenhuma, não é um bebê, dá para perguntar o que temos no ventre", dizia-me outra mãe que havia descompensado após o exame. Esse filho "dado a ver", na tela ou na incubadora, pode despertar fantasmas arcaicos violentos.

A mãe de Arthur lembra-se de não ter querido voltar ao serviço nos dias que se seguiram ao nascimento do bebê. "Eles eram muito gentis, mas os sorrisos deles, a maneira de fazer como se tudo aquilo não fosse grave davam-me a sensação de não estar sendo compreendida, sentia-me inútil e culpada". O sorriso já a preocupava.

A equipe pensava certamente estar fazendo o melhor ao acolher a mãe de Arthur da maneira mais desenvolta possível no serviço. Mas aquela mãe não se enganava. Ela sabia da preocupação deles quanto ao futuro do menino, ela ouvira os médicos dizerem que os riscos de morte não estavam afastados; queria que levassem sua angústia a sério, da mesma forma que levavam a sério o estado de saúde de seu bebê.

Ela ficara em seu quarto, na maternidade. Seu filho ia morrer, ela chorava dia e noite, inconsolável por ter perdido aquele filho. Imaginava-o, com efeito, perdido, da mesma forma que acabava de perder o irmão dois anos mais novo que ela, quinze dias antes do nascimento do bebê.

Arthur, Jean-François, trazia como segundo prenome o nome do tio defunto. "Os nomes das crianças", escreve Freud, "fazem delas aparições[16]".

---

[16] S. Freud, *L'Interprétation des rêves*, trad. de I. Meyerson, Paris, PUF, 1967, p. 415.

Os berçários estão cheios de fantasmas, de fadas boas e más que se debruçam sobre o berço para lhes dar dons maravilhosos ou malefícios que vão segui-los por toda a vida. As palavras ditas por cima dos berços são todas sortilégios; vão perseguir as crianças de modo bom ou ruim, conforme as fadas tiverem sido convidadas ou não para o batismo. As palavras e os nomes. Os filhos com freqüência trazem um nome que pertencia a um outro da família. São assim portadores do passado. Nem sempre prejudicial, tudo dependerá do peso que este passado representar nos significantes familiares. No Senegal, entre os Ouolofs, a criança traz o nome de um avô ou avó falecidos. É a reencarnação deles. Ao fazer reviver assim um ancestral, ela se apropria de seu saber e às vezes também de seu poder. Pode então ser benéfico e proteger a família, da mesma forma que se pode tornar uma ameaça, um verdadeiro perigo para ela mesma e para os outros.

Para Arthur, Jean-François, a missão não era simples e sua chegada prematura ao mundo só fez complicá-la ainda mais.

"Ele nasceu nas lágrimas", disse-me a mãe, "toda a família chorava. Não sabíamos mais se chorávamos a morte de Jean-François ou a morte próxima de Arthur, ao qual a obstetra havia bem dito que não devíamos nos apegar muito".

De repente Arthur explode de rir. Ele derrubou o cesto de brinquedos e descobriu uma marionete representando o lobo de dentes pontudos que tem antes aparência aterrorizante e agressiva. Debruço-me então sobre ele: "Sim, Arthur, essa história de fato não é engraçada, é como o lobo, faz antes medo, é melhor rir dela".

Arthur precipita-se então em direção à mãe e gruda a cabeça em sua barriga. "Arthur é assim", diz ela, "nasceu nas lágrimas, vive agora no riso".

Arthur é o palhaço da família: ri e faz rir os outros. Suas mímicas, sua vivacidade, a maneira que tem de tropeçar o tempo todo no tapete fazem a alegria das pessoas à sua volta. Levanta-se rindo e todos aplaudem.

Todos, isto é, a mãe, a irmã dois anos mais velha e os avós maternos. Vivem todos no mesmo apartamento, o pai de Arthur deixou a cena familiar antes do nascimento do filho. "Ele estava de passagem na minha vida", diz a mãe, "não soube que eu estava grávida dele. Eu queria um filho".

A mãe retoma seu relato. Após duas semanas, ela voltou para ver seu bebê em reanimação. Nada tinha realmente mudado. Os médicos não tranqüilizavam muito e ninguém parecia ter notado sua ausência. "Eu gostaria que tivessem falado comigo; naqueles lugares, parece que o tempo não passa nunca".

Arthur realmente não havia mudado, talvez um pouco mais gordo, um pouco menos "aranha".

"Melhor assim", notou a mãe, "a aranha é o único animal de que realmente tenho medo".

Ele continuava entubado e ventilado. Ganhara peso, mas as enfermeiras lhe disseram que não era a boa gordura. Tinha edemas, era comum nos prematuros, mas era preciso fazê-lo emagrecer. Ela se sentava junto da incubadora e chorava. Dia após dia, vinha ali para chorar tardes inteiras. Uma noite, o interno perguntou-lhe se queria ver a psicóloga do serviço. Ela recusou. Não era com uma psicóloga que queria falar. Teria preferido que as enfermeiras conversassem com ela, que fosse alguém que conhecesse Arthur, que estivesse cuidando dele. Ela já estava bem infeliz assim. Se a tomassem agora por uma doente, uma deprimida, não voltaria mais, pensou. A equipe não insistiu para que marcasse consulta, ela voltou então para chorar junto do filho. "Desde a morte de Jean-François, eu não havia parado de chorar. Pensava que um dia minhas lágrimas acabariam, não porque não estaria mais triste, mas porque meu corpo teria secado".

Pouco a pouco Arthur começou a tomar vida. Abriu um olho, depois estendeu uma mão. Observava agora a mãe quando ela vinha chorar ao lado da incubadora. Timidamente, ela deslizou um dedo pela palma de sua mão e Arthur apertou seu dedo tão forte que ela esqueceu por um instante de chorar. "Ao longo dos dias", disse, "os únicos momentos em que eu parava de chorar era quando estava junto de Arthur e ele me apertava a mão. Ele me prendia à vida".

Aquele menino, que nascera em estado de morte aparente e que por pouco não fora reanimado, tornara-se em algumas semanas o reanimador da mãe. Lutava por si, mas também por ela, tentando com os meios de bordo trazê-la de volta à margem.

Quando os médicos decidiram parar a ventilação, Arthur viveu momentos difíceis. Ela se lembra de seu pânico. Algumas vezes, ele ficava lilás, sufocava, os médicos o ajudavam a recomeçar e ele apertava o dedo da mãe um pouco mais forte como que para tranqüilizá-la: "Está vendo, eu ainda estou aqui". "Eu tinha a impressão de ouvi-lo me falar, em seguida ele ficava rosa, o alerta tinha passado, eu me sentia melhor porque sabia que ele queria sair daquela".

Arthur, bebê terapeuta da mãe, reconciliou-a com o serviço. Pouco a pouco ela criou laços com algumas enfermeiras. Começava a ter confiança, sentia-se um pouco mais tranqüila.

Arthur, nesse momento do relato, deixa a mãe que não havia largado e volta, sempre sorrindo, para os brinquedos. Dirijo-me a ele: "Você teve muito trabalho, Arthur, quando estava no hospital, você tinha que tentar sobreviver e além disso cuidar de sua mãe que estava tão infeliz. Ao mesmo tempo você tinha medo e ao mesmo tempo você lhe sorria". Arthur olha-me e tenta então levantar o vaso de uma planta verde bem mais alta que ele, faz esforços enormes, mas é claro que não vai conseguir. Falo com ele: "Sim, Arthur, é pesado demais, você não pode carregar, talvez fosse pesado demais para você também carregar todo aquele desgosto; que tal agora descansar?".

Arthur larga a planta, olha-me e precipita-se de novo para o colo da mãe. "É certo", diz, "se não ficamos loucos na família com a morte de Jean-François, é porque Arthur estava ali e era nossa razão de viver. Mas agora seu riso me dá medo. Mesmo que não tivessem dito nada na creche, eu consultaria alguém".

Na saída do hospital, os médicos disseram à mãe que todos os exames eram normais e que Arthur não teria seqüelas. Com efeito, ele não apresentou nenhum problema médico depois. Era ainda pequeno e magro, mas o pediatra dizia que logo recuperaria o peso e o tamanho de uma criança de sua idade.

Bebê, fora "perfeito". Sorria o tempo todo com o mesmo sorriso que muito cedo dirigira à mãe do fundo da incubadora. Aquele sorriso que havia parado suas lágrimas e que hoje a preocupava.

Ele é muito ativo, "talvez um pouco demais", diz ela. Corre para todos os lados, temos dificuldade em controlá-lo, é por isso que tropeça o tempo todo, que cai, que faz rir. Mas ele gosta de fazer palhaçadas, "principalmente quando tem medo", se pessoas estranhas vêm em casa, quando crianças se aproximam dele. Tem medo quando o olham ou quando lhe sorriem. "Ele que sorri o tempo todo, por que tem medo dos outros sorrisos?".

As crianças têm por vezes medo do sorriso dos outros. Aquele sorriso que mostra os dentes, como o lobo da primeira sessão, é ameaça de devoração. Arthur sabe a importância do sorriso, tem medo dos sorrisos dos outros e talvez do seu.

A mãe, no final dessa primeira sessão, zanga com Arthur. "Pois é, você não falou muito, você que sempre fala tanto". Arthur volta-se então para mim: "Tem medo do lobo não", diz-me indo jogar a marionete pela janela aberta.

Ao longo das outras sessões, recebi Arthur com a mãe num primeiro tempo, depois Arthur sozinho.

Fiquei sabendo, algumas sessões mais tarde, que era músico. Uma das razões de seu sucesso em sociedade. Tocava piano, gostava de música mais do que tudo e também de dançar, dizia a mãe. "Esqueci de lhe dizer isso na primeira sessão e no entanto é essencial para ele, acho que faremos dele um músico quando crescer". Como eu perguntasse à mãe de onde lhe vinha aquele dom particular, ela me explicou que seu irmão era músico profissional. Ela muito cedo ficara emocionada com aquele gosto tão evidente de Arthur pelo ritmo e pelos sons. "Já na incubadora, era sensível aos sons dos aparelhos a seu redor". Agarrado àqueles barulhos esquisitos, Arthur construía-se lentamente, mas a mãe viu naquilo um gosto para a música e eis Arthur tornado músico. Um palhaço músico.

A mãe, de sessão em sessão, falou de sua infância. Criada no interior, num ambiente calmo e pacífico, os pais, ambos professores secundários, tinham uma vida simples, sem problemas. A irmã mais velha gostava de dança, seu irmão menor de música. Ela se lembra de que não gostava de nada. Esperava o tempo passar, passeava pelo pequeno jardim da casa, pensava que um dia talvez gostasse de algo. Com efeito, veio o dia em que, por volta dos treze anos, decidiu que gostava de crianças.

Pequena, cuidara muito do irmão. Como pudera não ver nada do desespero em que ele se encontrara? Seu suicídio tinha sido totalmente incompreensível para toda a família. Ela, tão próxima dele na infância, não havia entendido o quanto ele ia mal. Estava persuadida de que o fato de estar grávida a havia tornado egoísta, surda à infelicidade do irmão. Estava esperando um filho, toda a família aceitava aquela gravidez, ela se sentia bem. Só pensava então em seu ventre que se arredondava dia após dia. "O mundo podia muito bem desabar" – e o mundo realmente desabava, mais e mais, com a morte do irmão e o nascimento de um filho prematuro. No momento do suicídio, ela estava fazendo haptonomia na clínica onde devia ter o filho. Lembra-se o quanto as sessões tinham se tornado para ela insuportáveis. "Com a morte de Jean-François, eu não podia mais sentir aquele filho em mim". Não conseguia mais lhe falar, entrar em contato com ele.

Quando veio dar à luz duas semanas mais tarde, disseram-lhe que um luto podia provocar nascimentos prematuros. Ela se sentia duplamente culpada. Culpada pela morte do irmão e culpada por ter posto a vida do filho em perigo, por ter querido jogar aquele filho fora dela. No momento do parto, lembrara-se do dia em que tinha "deixado cair" o carrinho de seu irmãozinho nas escadas da entrada da casa. Felizmente o carrinho não virara, mas ela ainda ouve a cólera terrível de sua mãe e as palavras que esta lhe dissera naquele momento: "Você quis matar o seu irmão, você é louca ou criminosa?".

No dia do parto, ela "deixava cair Arthur" e as palavras da mãe a acompanhavam. Daquelas falas mortíferas, a mãe de Arthur guardou a marca significante. Se o filho viver, ocupará o lugar do irmão, será uma criança fantasma, virá preencher a falta. Filho fadado à morte, ele virá concretizar a perda.

Se sua própria mãe perdeu o filho por sua causa, como teria ela o direito de ter um filho sem que ele se tornasse objeto a ser restituído à sua própria mãe? De que dívida imaginária é ela portadora?

Como diferenciar o bebê carregado em seu ventre dela mesma? Quem deve ser mais censurado pela morte de Jean-François: ela ou o filho que ela trazia dentro de si? O feto sentido pela mãe como uma parte de si mesma torna-se o jogo das identificações e das introjeções.

Se ela se viu como objeto de horror, como menina monstruosa, aranha de poder mortal, Arthur vindo ao mundo só podia retomar por sua conta o horror do objeto fóbico. Ele tinha corpo de aranha. Foi a culpa, o nojo de si mesma no momento da morte de Jean-François que dela expulsou o filho com quem fazia um só? Aquele filho, ela não podia mais senti-lo existir, a ponto de não suportar mais as sessões de haptonomia que subjetivavam demais para ela o bebê.

Foi a aranha matadora que ela expulsou de seu ventre? A aranha de seu medo de criança? Fobia de si mesma ou fobia do filhote que carregava? Como estabelecer a diferença?

Sessão após sessão, a mãe de Arthur falou de seu medo e lentamente o filho que a escutava muito atento parou de sorrir.

Sozinho comigo, era muito inquieto, só aceitava brincar ou falar depois de muitas voltas, rituais que o deixavam mais seguro. Eu não devia olhá-lo (tinha ele sido observado demais na incubadora?), não devia sorrir para ele, mas mostrar um "rosto impassível", mostrar-lhe uma segurança afetiva que para ele passava pela ausência total de sedução.

Dia após dia, ele representou o lobo do início da sessão, aquele que tinha passado pela janela em nosso primeiro encontro. "Janela", "fazer nascer"*, dizia Françoise Dolto, são significantes vizinhos. Tratava-se de fato de um segundo nascimento para Arthur, que se autorizava lentamente a estar no mundo de outra maneira. Fazia cada vez menos palhaçadas, falava cada vez mais, contava histórias aterrorizantes de animais que se devoravam.

---

* Jogo de palavras intraduzível: *fenêtre* ("janela") e *faire naître* ("fazer nascer"). (NT)

A cada sessão, partia para reencontrar a mãe me dizendo: "Tem medo da Mamãe não". Quanto mais ela punha palavras naquele medo, mais ele começava a viver, mais se sentia aliviado de um peso pesado demais para carregar.

Um dia, em sessão, a mãe me perguntou: "Por que eu não quis pai para meu filho?". Arthur, que estava ocupado desenhando uma casa sem teto, uma casa negra e triste, ficou bruscamente com raiva. Rasgou a folha, jogou-se sobre a mãe gritando, veio pôr a mão em sua boca para fazê-la calar. Falamos então longamente da ausência daquele pai. Arthur, acalmado, deixou a sessão me dizendo: "Amanhã, Arthur vai à escola".

Algumas semanas mais tarde, a mãe de Arthur marcou consulta com um psicanalista para começar enfim um trabalho para ela.

Talvez tivesse evitado muito sofrimento para si e para Arthur caso tivesse feito entrevistas em neonatologia, três anos antes.

A Anna Metterza: *fobia e prematuridade*

No momento do nascimento prematuro, todas as referências vacilam. As mulheres sentem-se traídas por aquele corpo que não entendem mais. Questionam sua capacidade de serem mães e, ao mesmo tempo, convocam para frente da cena aquela que foi a mãe de suas infâncias. Nesse tempo de surgimento do real, é aquela mãe quem vem ao primeiro plano do enredo fantasmático.

Já tornadas vulneráveis pelos remanejamentos, as transformações da imagem do corpo, as modificações de representação de si e de sentimento de identidade inerentes a cada gravidez acham-se violentamente, pelo próprio fato da prematuridade daquele nascimento, projetadas no mundo arcaico e angustiante de sua pequena infância. Ali onde as palavras faltam para se rememorar realmente, tudo dependerá do que poderão ir buscar, para sobreviver e imaginar seu bebê viável, daquela época enterrada no fundo delas, daquele primeiro tempo do narcisismo, dos primeiríssimos vínculos com a mãe. Tudo dependerá do que terá podido estabelecer, ali ainda, entre essa mãe e elas, separação. Após a separação, o que subsiste são as falas dos pais, o "dizer" é o que se inscreve para a criança. A partir daí se constituem os significantes.

Como essa mãe quando criança se inscreveu na linguagem? Para que o significado se torne significante, o primeiro objeto, objeto da primeira satisfação, deve ser perdido. O que angustia o filho não é a perda do objeto, não é que a mãe não esteja ali, é que esteja demais ali, que não o largue mais, que seu olhar não possa se desprender dele.

Quando o bebê é uma menina, o corpo a corpo com a mãe toma uma dimensão diferente. Não haverá fala possível para a criança se não houver corpo separado do outro. É na renúncia a esse corpo a corpo fusional entre mãe-filha que vai se jogar o futuro do sujeito. A renúncia é difícil. É na ilusão do mesmo, dada por essa cumplicidade erótica, essa impossibilidade de se desgrudar, que a filha é captada. É o "prolongamento de uma na outra", sublinha M.-M. Chatel, "que falseia a situação". Essa paixão entre a mãe e a filha será orquestrada em várias gerações. Os diferentes intérpretes serão os atores das gerações passadas, os mortos, os nascimentos, as histórias de amor e sua repercussão consciente e inconsciente, toda uma constelação familiar, construindo uma rede de significantes. Como uma marionete, animada por milhares de fios invisíveis, a mãe agirá ou antes será agida no momento de pôr no mundo um filho. Nisso podemos dizer que todas as mães são vítimas quando sua possibilidade de dar a vida se acha por sua vez impedida.

Dessa primeira separação de suas mães, ocorrida cedo ou tarde demais, ou nunca, vai se construir a experiência terrível da separação prematura do filho que elas acabam de pôr no mundo.

Em todo caso, a chegada apressada demais desse bebê é uma catástrofe.

Todo o corpo da mãe recusa essa separação, como confirma Françoise Loux: "Ainda não estamos separados, por que ele não pode retornar em mim? Encontramo-nos num alhures maravilhoso[17]". Nada de maravilhoso, com efeito, na realidade desse nascimento. A mãe prefere então sonhar que continua a fazer um só com seu filho. Como poderia ele estar separado dela, se ela não pode tocá-lo? Às vezes até um simples carinho basta para pôr em movimento os sensores. Difícil falar com ele através dos ruídos dos aparelhos, das portas fechadas das incubadoras. Freqüentemente, a jovem mãe "reterá" o bebê nascido cedo demais. Ele ainda não terá nascido para ela, da mesma forma que ela ainda não está separada daquele ideal materno perseguidor. Um bebê que não pode ser tocado, cujo cheiro tão doce não se pode sentir, a quem não se pode nem dar o seio, nem acalmar as tristezas, existe realmente?

Difícil demais para a mãe "supor sujeito" nesse filho "mecanicado[18]".

---

[17] F. Loux, op. cit., p. 13.

[18] Termo técnico que significa que a criança está ligada a aparelhos e que conviria ser erradicado urgentemente do vocabulário médico!

Muitas mães dizem, com efeito, que têm a sensação de continuar estando grávidas: "É engraçado", notava uma mãe, "esse bebê, eu posso pensar tê-lo dado à luz no dia em que ele não estiver mais ligado aos aparelhos". Os aparelhos substitutos são todos mães ameaçantes que suspeitam que a mãe má não fez corretamente seu trabalho. O imaginário desencadeia-se então e as referências simbólicas acabam por se atenuar.

Colette Misrahi, num artigo sobre a família, lembra-as: "A aparelhagem funciona realmente hoje em dia nos serviços hospitalares onde, numa atmosfera de ficção científica, crianças prematuras em perigo letal crescem e lutam. Se decidirem viver, vão matraquear, falar, andar 'como as outras'. O simbólico pode também funcionar pelo viés de uma máquina construída por humanos, para humanos[19]".

Os aparelhos, com efeito, são as ferramentas do desejo de vida dos médicos para os bebês. Permitem que eles não morram, "se decidirem viver", precisa ela. É de fato esse desejo que está em jogo, é ele que retém nossa atenção. De peso e de termos idênticos, uma criança morrerá e outra viverá, ligada aos mesmos aparelhos. Foi o caso para Anne e Anna. Como vimos, não só a máquina terá de funcionar, mas ainda fazer parte integrante do mundo dos bebês e de seus pais. Será preciso que ela tome sentido "humano". Para isso é essencial que os pais participem do atendimento médico do bebê hospitalizado.

"Em certos serviços de reanimação, prefere-se afastar os pais desse espetáculo, por certo penoso. Para mim teria sido pior não ver Valentin. Isso teria deixado livre curso a meu imaginário de luto no qual os aparelhos teriam se tornado seres devorantes. Pude familiarizar-me com eles (...) de certo modo fizemos parte da equipe terapêutica[20]".

O "luto" de que nos fala Françoise Loux é o risco que encontra cada mãe diante dessa experiência dramática. Pensar que o filho ainda não nasceu ou então, na mesma recusa, considerar que já está morto participa do mesmo impulso. Estes lutos antecipados, que tornam todo investimento impossível, com freqüência são feitos baixinho. Só de volta à casa é que as complicações surgem, a mãe tendo que enfrentar um bebê vivo ao qual já renunciou para escapar a um sofrimento terrível. Aí ainda tudo dependerá da maneira como se der a acolhida

[19] C. Misrahi, "Famille: travaux récents sur le père, la mère et l'enfant", in *Encyclopædia universalis*, Paris, 1982, p. 243.

[20] F. Loux, op. cit., p. 56.

Fontes

ADAMS R. J., "Visual acuity from birth to 5 months", in *Infant Behavior and Development* nº 10, 1987, pp. 239-244.

AUBRY J., "Les formes graves de carences de soins maternels", Conferência para o grupo de l'Évolution psychiatrique, 23 de janeiro de 1953, in *Apertura*, vol. VI, Springer, 1991, p. 58.

BALOGH, PORTER, "Olfactory preferences in human neonates", in *Infant Behavior and Development* nº 9, 1986.

BOISSON-BARDIES B. (de), *Comment la parole vient aux enfants*, Paris, Ed. Odile Jacob, 1996.

BRAZELTON T. B., CRAMER B., *Les Premiers Liens*, Paris, Stock Laurence Pernoud, Calmann-Lévy, 1991.

BUSNEL M. C., *Le Langage des bébés*, Paris, Ed. Jacques Grancher, 1993.

BYDLOWSKI M., "Et si l'inconscient calculait la date de naissance?", in *Les Cahiers du nouveau-né* nº 6, Paris, Stock, 1983.

CHANGEUX J.-P., DACHON A., "Selective stabilisation of developping synapses as a mechanism for the specification of neuronal networks", in *Nature* 264, 1976, pp. 705-721.

CHATEL M.-M., *Malaise dans la procréation*, Paris, Albin Michel, 1993.

DAMASIO A. R., *L'Erreur de Descartes*, Paris, Ed. Odile Jacob, 1995.

DE CASPER A. J., FIFER W. P., "Of human Bonding: newborns prefer their mother's voices", in *Sciences* 208, 1980, pp. 1174-1176.

DOLTO F.,

·*La Difficulté de vivre*, Paris, Gallimard, 1995.

·*Séminaires de psychanalyse d'enfants*, 3 vol., Paris, Seuil, 1982-1988.

·*La Séxualité féminine*, Paris, Gallimard, 1996.

·*La Cause des enfants*, Paris, R. Laffont, 1985.

·*L'Image inconsciente du corps*, Paris, Seuil, 1984.

·*Le Sentiment de soi*, Paris, Gallimard, 1997.

DOLTO-TOLITCH C., "Accueil et humanisation de l'enfant", in *Enfant de droit. La révolution des petits pas*, Paris, La Harpe, Lierre et Coudrier, 1990.

DOR J.,

·*Le Père et sa fonction en psychanalyse*, Paris, Point Hors Ligne, 1989.

·*Structure et perversion*, Paris, Denoël, col. L'Espace analytique, 1987.

·*Introduction à la lecture de Lacan 2, La Structure du sujet,* Paris, Denoël, col. L'Espace analytique, 1992.

DIATKINE R., *Le Devenir du prématuré* (obra coletiva.), Paris, PUF, Psychiatrie de l'enfant, 1977.

DRUON C., *À l'écoute du bébé prématuré, une vie aux portes de la vie,* Paris, Aubier, 1996.

DURAS M., *Le Ravissement de Lol V. Stein*, Paris, Gallimard, Folio, 1964.

FALADÉ S., "Repères structurels des neurones, psychoses et perversions", in *Esquisses psychanalytiques* nº 7, primavera de 1987, pp. 29-51.

FIELD T. M., COHEN D., GARCIA R. e GREENBERG R., "Mother-stranger face discriminations by the newborn", in *Infant Behavior and Development* nº 7, 198, pp. 19-25.

FREUD S.,

·"Analyse d'une phobie chez un petit garçon de cinq ans", in *Cinq psychanalyses*, trad. franc. de M. Bonaparte e R. Loewenstein, Paris, PUF, 1954.

·*Trois essais sur la théorie sexuelle*, trad. de P. Koeppel, Paris, Gallimard, 1987.

·*La Vie sexuelle*, trad. de D. Berger, J. Laplanche *et al.*, Paris, PUF, 1977.

·*Malaise dans la civilisation*, trad. franc. de C. e J. Odier, Paris, PUF, 8ᵉ edição, 1981.

·*Un souvenir d'enfance de Léonard de Vinci*, trad. franc. de J. Altounian, A. e O. Bourguignon, P. Caotet, A. Rouzy, Paris, Gallimard, col. Connaissance de l'inconscient, 1987.

·*Totem et Tabou*, trad. franc. de M. Weber, Paris, Gallimard, 1993.

·*Inhibition, symptôme, angoisse*, trad. franc. de I. Meyerson, Paris, PUF, 1951.

·*Résultats, idées, problèmes*, II, Paris, PUF, 1985.

·"Le motif du choix des trois coffrets", in *L'Inquiétante Étrangeté*, trad. franc. de B. Feron, Paris, Gallimard, 1967.

·*L'Interprétation des rêves*, trad. franc. de I. Meyerson, Paris, PUF, 1967.

FREUD E., "Notes sur quelques aspects psychologiques des soins néo-nataux intensifs", in *Le Coq-Héron* nº 89, 1984.

GELIS J., *L'Arbre et le Fruit, la naissance dans l'Occident moderne - XVIᵉ, XIXᵉ siècles,* Paris, Fayard, 1984.

GILLIBERT J., "La mère meurtrière, mortifère et mortifiée dans le mythe de Dionysos", in *Mère mortifère, mère meurtrière, mère mortifiée* (obra coletiva), Paris, Ed. E.S.F., col. Vie de l'enfant, 1978.

GOREN C. C. SARTY M., WU P. Y. K., "Visual following and pattern discrimination of face like stimuli by newborn infants", in *Pediatrics* 56, 4, 1975, pp. 544-549.

GRABOULAN V., "Prise en charge psychique de l'extrême prématurité", in *Archives pédiatriques* nº 2, Paris, 1995, pp. 473-480.

GRANIER-DEFERRE, *Les Compétences auditives prénatales*, Thèse d'État, Universidade Paris-Sud, Orsay, 1994.

HUMPHREY, "Some correlations between the appearance of human fœtal reflexes and the development of the nervous system", in *Progress in Brain Research* nº 4, 1964, pp. 93-135.

KLEIN M.,

·*Essais de psychanalyse*, trad. franc. de M. Derrida, Paris, Payot, 1965.

·*Psychanalyse d'un enfant*, trad. franc. de M. Davidovici, Paris, Tchou, 1973.

LACAN J.,

·"Deux notes sur l'enfant", in *Ornicar* nº 37, Paris, Navarin, pp. 13-14.

·*Les Complexes familiaux en pathologie*, Paris, Navarin, 1984.

·*Le Séminaire, Livre I*, "Les écrits techniques de Freud", Paris, Seuil, 1975.

·*Le Séminare, Livre III*, "Les psychoses", Paris, Seuil, 1981.

·*Le Séminaire, Livre IV*, "La relation d'objet", Paris, Seuil, 1994.

·*Le Séminaire, Livre VIII*, "Le transfert", Paris, Seuil, 1991.

·*Le Séminaire, Livre XI*, "Les quatre concepts fondamentaux de la psychanalyse", Paris, Seuil, 1973.

·*Le Séminaire, Livre XX*, "Encore", Paris, Seuil, 1975.

·Le Séminaire "D'un Autre à l'autre", 1968/1969, inédito.

·*Écrits*, Paris, Seuil, col. Le Champ freudien, 1966.

·"Le stade du miroir comme formateur de la fonction du Je", in *Écrits*, Paris, Seuil, col. Champ freudien, 1966, pp. 93-100.

·"Discours de clôture", in *Enfance aliénée* (obra coletiva) Paris, Denoël, col. L'Espace analytique, 1984.

·"Conférences et entretiens dans des universités nord-américaines", in *Scilicet* nº 6/7, Paris, Seuil, 1974.

LEFORT R. e R., *Les Structures de la psychose*, Paris, Seuil, col. Champ freudien, 1988.

LOUX F., *Une si longue naissance*, Paris, Stock Laurence Pernoud, 1991.

MACFADYEN A., *Special cares Babies and Their Developing Relationships*, Londres, London and New York Routledge, 1994.

MAHLER M., *Psychose infantile*, trad. franc. de P. Léonard, Paris, P. B. Payot, 1973.

MANNONI M.,

·*L'Enfant, sa maladie et les autres*, Paris, Seuil, col. Le Champ freudien, 1967.

·*L'Enfant arriéré et sa mère*, Paris, Seuil, col. Le Champ freudien, 1964, col. Point 1981.

·*Le Nommé et l'innomable, le dernier mot de la vie*, Paris, Denoël, col. L'Espace analytique, 1991.

·*Amour, haine, séparation*, Paris, Denoël, col. L'Espace analytique, 1993.

·*Elles ne savent pas ce qu'elles disent*, Paris, Denoël, col. L'Espace analytique, 1998.

MEHLER J., DUPOUX E., *Naître humain*, Paris, Odile Jacob, 1995.

MELMAN C., "Le nouage borroméen dans la phobie", *Bibliotèque du trimestre psychanalytique*, Publicação da Association freudienne, 1990.

MISRAHI C.,

·"Famille, travaux récents sur le père, la mère, l'enfant", in *Encyclopaedia universalis*, Paris, 1982, p. 239.

·*La Comtesse de Ségur ou la mère médecin*, Paris, Denoël, col. L'Espace analytique, 1991.

MISRAHI C., HAJLBLUM S., "Champ phobique: le petit Hans", in *Tel Quel* nº 70, Paris, verão de 1977.

MONTRELAY M.,

·Congresso de Estrasburgo, *Lettres de l'École freudienne*, Bulletin nº 19.

·*L'Ombre et le nom*, Paris, Minuit, 1977.

NEGRI R., "The new Born in the intensive care unit", in *The clinic Press*, Londres, Karnac Books, 1994.

PAULME D., *La Mère dévorante*, Paris, Gallimard, 1976.

RAIMBAULT G.,

·*Médecins d'enfants*, Paris, Seuil, col. Le Champ freudien, 1973.

·*Clinique du réel*, Paris, Seuil, 1982.

SCHAAL, "Responsiveness to the odour of amniotic fluid in the human neonate", in *Biol. neonate* nº 67, 1995, pp. 397-406.

SEAY, HANSEN, HARLOW, "Mother infant separation in monkeys", in *Journal child. Psycholo. Psychiat.* nº 3, 1962, pp. 123-132.

SILVESTRE C., "La vie en ce jardin", in *Topique* nº 43, *La naissance, regard anthropologique*, Paris, Dunod, 1989.

TREVARTHEN C.,

·"Signs of motivation for speech in infants", in *Early Speechs Basingstoke*, Hampshire Mac Millan, 1986.

·"Self organisation in human psychological development", in *Press, Development and Psychopathology*, setembro de 1997.

TUSTIN F.,

·*Autisme et protection*, trad. franc. de A. e L. Hacker, Paris, Seuil, 1992.

·*Le Trou noir de la Psyché*, trad. franc. de P. Chemla, Paris, Seuil, 1986.

·*Les États autistiques de l'enfant*, trad. franc. de C. Cler e M. Davidovici, Paris, Seuil, 1986.

VANIER A.,

·*Éléments d'introduction à la psychanalyse*, Paris, Nathan Université, col. 128, 1996.

·*Lexique de psychanalyse*, Paris, Armand Colin Masson, col. Synthèse, série Philosophie, 1998.

WERNER-BARGONES, "Psycho acoustic development in human infants", in *Advances in Infancy Research*, Rovel-Collier (Editores), vol. 7, Ablex Norwood, 1993, pp. 103-145.

WINNICOTT D. W.,
·*Jeu et réalité, l'espace potentiel*, trad. franc. de C. Monod, Paris, Gallimard, 1971.
·*La Consultation thérapeutique et l'enfant*, trad. franc. de C. Monod, Paris, Gallimard, 1971.
·*De la pédiatrie à la psychanalyse*, trad. franc. de J. Kalmanovitch, Paris, Payot, 1969.
·*Le Bébé et sa mère*, trad. franc. de M. Michelin e L. Rosaz, Paris, Payot, 1992.
·*Thinking About Children*, London, Karnac Books, 1996.

markgraph
Rua Aguiar Moreira, 386 - Bonsucesso
Tel.: (021) 564.1056 Telefax.: (021) 270.9656
Rio de Janeiro - RJ